高校劳动文化建设与教育创新研究

饶芬芳　著

中国原子能出版社

图书在版编目（CIP）数据

高校劳动文化建设与教育创新研究 / 饶芬芳著.
--北京：中国原子能出版社，2023.10
ISBN 978-7-5221-3043-9

Ⅰ. ①高… Ⅱ. ①饶… Ⅲ. ①高等学校–劳动教育–研究–中国 Ⅳ. ①G40-015

中国国家版本馆 CIP 数据核字（2023）第 193138 号

高校劳动文化建设与教育创新研究

出版发行	中国原子能出版社（北京市海淀区阜成路 43 号　100048）
责任编辑	杨　青
责任印制	赵　明
印　　刷	北京天恒嘉业印刷有限公司
经　　销	全国新华书店
开　　本	787 mm×1092 mm　1/16
印　　张	14.25
字　　数	226 千字
版　　次	2024 年 1 月第 1 版　2024 年 1 月第 1 次印刷
书　　号	ISBN 978-7-5221-3043-9　　定　价　**72.00** 元

发行电话：**010-68452845**

前　言

民生在勤，勤则不至。人生在勤，不索何获？人通过劳动创造推动了社会的发展，劳动与文化之间有着千丝万缕的联系。人类的劳动过程是劳动文化实践的过程，为劳动文化的产生奠定了基础。

因此，文化具有重要的育人价值，是学校教育的中流砥柱，它以润物细无声的方式影响着人的思想和行为。

当代劳动教育作为学校教育的一部分占据着重要地位，独具文化育人特色。高校劳动教育被狭隘地理解为生产劳动与社会实践，甚至被认为是惩罚手段，其主要原因在于缺少劳动文化的滋养。

党的十八大以来，国家出台了一系列政策和文件用于推进劳动教育改革，旨在通过建设德、智、体、美、劳全方位的教育体制，解决劳动教育过去普遍存在的被弱化、淡化、边缘化的问题。2020 年 7 月，教育部颁布《大中小学劳动教育指导纲要（试行）》，明确了"在校园文化建设中强化劳动文化"。

新时代劳动文化符合社会发展的需求，时代特征鲜明，充分展现了劳动最为真实的价值和意义，结合目前高校劳动教育存在的问题，做好劳动教育和劳动文化深度融合，探索劳动文化的育人价值和实现方法，为劳动教育水平和质量的提升提供重要的理论支持与实践探索。

本书共分为五章：第一章为劳动文化的内涵，主要就劳动和劳动文化、中国劳动文化发展史、典籍中的劳动文化三个方面展开论述；第二章为劳动教育研究，主要围绕劳动教育的意义、劳动教育的重点、劳动教育课程的开展进行论述；第三章为新时代大学生劳动教育的基本内容，依次介绍了新时代大学生劳动教育的基本内涵、树立正确的劳动观、校园生活劳动、社会劳动、志愿服务、创造性劳动共六个方面的内容；第四章为新时代劳动精神，依次介绍了劳动精神、劳模精神、工匠精神三个方面的内容；第五章为新时代高校劳动文化教育创新研究，分为三部分内容，依次是劳动文化政策研究、高校劳动文化教育现状研究和新时代高校劳动文化的建设与教育创新。

在撰写本书的过程中，作者得到了相关专家、学者的帮助和指导，在此表示真诚的感谢。本书内容全面，条理清晰，但由于作者水平有限，书中难免有疏漏之处，希望广大同行和读者及时指正。

作者

2023 年 3 月

目 录

第一章 劳动文化的内涵

　　劳动能够助力个人成长，推动国家的繁荣昌盛，创造幸福和财富，劳动文化是助推新时代发展的强大精神动力。本章内容为劳动文化的内涵，主要就劳动和劳动文化、中国劳动文化发展史、典籍中的劳动文化三个方面展开论述。

第一节 劳动和劳动文化

　　人类通过劳动创造了多样化的物质财富和精神财富，劳动创造了人本身，也是推动社会发展的根源。劳动与文化互相关联，人的劳动实践为劳动文化的产生奠定了基础，劳动教育也是一种重要的文化实践。

一、劳动的基本问题研究

　　人类生存和发展的先决条件之一就是劳动，生产劳动发展的历史也是人类的历史，是劳动创造的历史。

（一）劳动概念的产生和发展

　　劳动是人类本质的集中体现，任何劳动都是在一定的社会生产关系条件下进行的。对劳动的探索经历了从现象到本质的认识过程，劳动概念的产生和发展过程也是一个不断发展的理论探索过程。

　　在古希腊，"劳动"一词指的是营生和自然代谢的活动，劳动遭到轻视、蔑视，甚至是鄙视，劳动者只能沦为被自身劳动统治的对象。英国古典政治经济学创始人威廉·配第认为"劳动是生产的真正灵魂"，其提出"劳动是财富之父，土地是财富之母"①，此时劳动的边界仅限于个体的人的体力劳动。以弗朗斯瓦·魁奈为代表的法国重农学派将财富的本质视为一般劳动，这种将抽象性的劳动提升为财富的本质的观点是一个较大的进步。本杰明·富兰克林将劳动作为衡量价值的尺度，对抽象劳动提出了初步的见解。现代经济学主要创立者亚当·斯密非常重视劳动，认为劳动是一切活动中最重要的活动，他认为财富的本质是劳动，将抽象出来的劳动视为"衡量一切商品交换价值的真实尺度"②。大卫·李嘉图坚持并发展了劳动时间决定商品价值的原理，他认为所有的价值都是由劳动创造的，并进一步区分了直接劳动与间接劳动、简单劳动与复杂劳动、个别具体劳动与社会必要劳动等经济学概念③。

5～17 世纪中叶的西欧封建社会时期，劳动的概念带有神学的性质，强调从事精神活动和体力劳动是上帝对人的旨意。德国著名的古典哲学家黑格尔将劳动的概念从经济学领域扩充到哲学领域，他认为劳动是绝对精神在创造世界时的外在表现，从人的本质来看，劳动是一种抽象的精神活动，但他所指的劳动也仅限于抽象的精神劳动。法国空想社会主义者傅立叶主张劳动是人类的本能，将劳动视为一种"天赋人权"，一种"娱乐活动"，一种诱人的事情，能与跳舞和看戏媲美。

马克思主张"劳动首先是人与自然之间的过程，是人以自身的活动引起、调整和控制人和自然之间的物质变换的过程"④，这一定义非常经典。在这里，马克思深刻揭示了劳动的特点：第一，劳动体现了人作为行为主

---

① [英] 威廉·配第. 赋税论献给英明人士货币略论 [M]. 陈冬野，等译. 北京：商务印书馆，1978：66.

② [英] 亚当·斯密. 国民财富的性质和原因的研究 [M]. 郭大力，王亚南，译. 北京：商务印书馆，1972：26.

③ [英] 大卫·李嘉图. 政治经济学及赋税原理 [M]. 郭大力，王亚南，译. 北京：商务印书馆，2021.

④ 马克思，恩格斯. 马克思恩格斯全集：第 23 卷 [M]. 中共中央马克思恩格斯列宁斯大林著作编译局，译. 北京：人民出版社，1972：201-202.

体的能动性。劳动是一种服务于一定目的的社会现象，这一目的就是确定人对自然、对自己命运的支配。第二，劳动是文明的真正基础和根源，充当人的劳动对象的，不仅有大自然本身，还有人用某种方式变更过的和人在劳动过程中改造过的自然，即"第二自然"，因此劳动成了人类历史和个人的基础，成了文明的真正基础和根源。马克思最终得出结论："劳动作为使用价值的创造者，作为有用的劳动，是不以一切社会形式为转移的人类生存条件，是人和自然之间的物质变换即人类生活得以实现的永恒的自然必然性。"①

随着科技的进步以及知识经济和信息经济的涌现，知识、信息、科技在劳动创造价值过程中占有的地位越来越高，劳动的内涵与外延也在不断变化。在社会主义市场经济体制下，具有价值的生产劳动内涵可以概括为：劳动是目的明确的为生产物品和提供劳务而付出的一切脑力和体力的耗费。

现阶段劳动的概念可以表述为"劳动是人们为了满足物质文化、精神文化需要以及实现自身全面发展所进行的有目的的活动，是人能动地、创造性地利用自然资源、社会资源和人类自身潜能与客观世界进行物质变换并创造精神文化产品的过程。"②这一表述包括三层含义：一是扩充了劳动的目的，包含劳动是为了满足人们的物质需要，满足人的精神文化需要，人们通过劳动实现自我发展；二是强调人的劳动的能动性、创造性；三是将劳动的对象扩展到自然资源、社会资源和人的潜能等领域。

随着生产力的发展，劳动的内涵和外延还会不断扩展，劳动的具体形态也会不断变化，其复杂程度也将不断提高。

---

① 马克思，恩格斯. 马克思恩格斯全集：第 23 卷 [M]. 中共中央马克思恩格斯列宁斯大林著作编译局，译. 北京：人民出版社，1972：56.

② 邓先宏，傅军胜，毛立言. 对劳动和劳动价值理论几个问题的思考 [J]. 经济研究，2002（5）：3-12.

（二）马克思主义劳动观中的劳动内涵

1. 劳动是人的自由自觉的生命活动

人类的劳动活动和动物的本能活动有本质的区别。动物的本能活动是以自己的身体器官来顺应自然环境并从自然界获得现成生活资料的一种生命活动，而人的劳动活动却是通过创造劳动工具来改造自然并从自然界里获取自己生产的生活资料的生命活动。

与动物的本能活动不同，人的生命活动不是消极地顺应自然，而是积极地、创造性地利用自然界为自己服务。这种创造性活动的一个重要特点就是它的自由、自觉和自主性。人类的自由、自觉和自主性不能脱离人的劳动活动而存在，它内在于劳动活动之中，又通过劳动活动的对象化显现于外。从根本上说，它是劳动活动的一种本质属性，离开了劳动活动它既不能存在，也不能发展。"因此，正是在改造对象世界中，人才真正证明自己是类存在物，这种生产是人的能动的类生活。"①这就是马克思为什么强调人区别于动物的类特性是"自由的、自觉的活动"的原因。这里的"活动"就是指劳动实践活动，"自由的、自觉的"特性就是对于区别于动物本能活动的劳动活动的一种本质特征的界定。自由自觉性是劳动的第一大特性。

2. 劳动是改造自然界的创造性活动

"通过实践创造对象世界，即改造无机界，证明了人是有意识的类存在物，也就是这样一种存在物，它把类看作自己的本质，或者说把自身看作类存在物。诚然，动物也生产。它也为自己营造巢穴或住所，如蜜蜂、海狸、蚂蚁等，但是动物只生产它自己或它的幼仔所直接需要的东西；动物的生产是片面的，而人的生产是全面的；动物只是在直接的肉体需要的支配下生产，而人甚至不受肉体需要的支配也进行生产，并且只有不受这种需要的支配时才进行真正的生产；动物只生产自身，而人在生产整个自然

---

① 马克思，恩格斯. 马克思恩格斯全集：第 42 卷［M］. 中共中央马克思恩格斯列宁斯大林著作编译局，译. 北京：人民出版社，1979：97.

界；动物的生产直接同它的肉体相联系，而人则自由地对待自己的产品。创造性劳动不仅是推动人类社会进步的根本力量，而且还体现了人的本质特征。动物只是按照它所属的那种尺度来进行生产，而人却懂得按照任何一种尺度来进行生产，并且懂得怎样处处都把内在的尺度运用到对象上去。因此，人也按照美的规律来建造。"①人只有在创造性劳动中，才能使自身得到发展。

3. 劳动是个体性与社会性相统一的活动

人当然是一个特殊的群体，主要原因正是因为他的特殊性。与此同时，个体也是人类总体的组成部分，其天生就是一种社会存在物。人类一生的表现，即使是采取与众不同的、独立的生命表现形式，也可以称之为社会生活的表现和确证②。

"假定我们作为人进行生产，在这种情况下，我们每个人在自己的生产过程中就双重地肯定了自己和另一个人：（1）我在我的生产中物化了我的个性和我的个性的特征，因此我既在活动时享受了个人的生命表现，又在对产品的直观中由于认识到我的个性是物质的、可以直观地感知的因而是毫无疑问的权力而感受到个人的乐趣；（2）在你享受或使用我的产品时，我直接享受到的是：既意识到我的劳动满足了人的需要，从而物化了人的本质，又创造了与另一个人本质的需要相符合的物品；（3）对你来说，我是你与类之间的中介人，你自己意识到和感受到我是你自己本质的补充，是你自己不可分割的一部分，从而我认识到我被你的思想和你的爱所证实；（4）在我个人的生命表现中，我直接创造了你的生命表现，因而在我个人的活动中，我直接证实和实现了我真正的本质，即我人的本质，我社会的本质。"③

---

① 马克思. 1844 年经济学-哲学手稿 [M]. 刘丕坤，译. 北京：人民出版社，1979.

② 马克思，恩格斯. 马克思恩格斯全集：第 42 卷 [M]. 中共中央马克思恩格斯列宁斯大林著作编译局，译. 北京：人民出版社，1979：122-123.

③ 马克思，恩格斯. 马克思恩格斯全集：第 42 卷 [M]. 中共中央马克思恩格斯列宁斯大林著作编译局，译. 北京：人民出版社，1979：37.

4. 劳动是对象性的、与自然相统一的活动

这是马克思的劳动概念与黑格尔的劳动概念的最主要区别。马克思继承了费尔巴哈等人的唯物主义人本学思想作为自己思想的一个部分,认为人是自然存在物,是自然界的一部分,依靠自然界而生活,不仅把自然界作为直接的生活资料和生产资料,而且在精神上把自然界作为科学与艺术的对象,作为精神食粮的来源①。

"人直接地是自然存在物,人作为自然存在物,而且作为有生命的自然存在物,一方面,具有自然力、生命力,是能动的自然存在物,这些力量作为天赋和才能、作为欲望存在于人身上;另一方面,人作为自然的、肉体的、感性的、对象性的存在物,和动植物一样,是受动的、受制约的和受限制的存在物,也就是说,他的欲望的对象是作为不依赖于他的对象而存在于他之外的,但这些对象是他需要的对象,是表现和确证他的本质力量所不可缺少的、重要的对象。"②

对马克思来说,自然物质性是劳动的必然属性,自然界对人和人的劳动的优先地位是永恒的和不可动摇的。劳动当然是改造自然的活动,但绝不是任意宰割和奴役自然;劳动在把自然人化的同时,还要再度把人自然化,即使人复归于自然,从而达到自然主义和人道主义的统一。

5. 劳动是人与自然之间的物质变换过程

在《资本论》"劳动过程和价值增值过程"这一章中,马克思认为"劳动首先是人和自然之间的过程,是人以自身的活动来中介、调整和控制人和自然之间的物质变换的过程。"这一描述,深刻地阐述了劳动与人和自然之间的关系,把劳动理解成人与自然之间的物质变换过程,而这种物质变换受到人自身活动的调整和控制。人与自然之间的物质变换过程其本质就是物质生产活动,人类从自然界获取自己所需要的物质、能量和信息养育

---

① 马克思,恩格斯. 马克思恩格斯全集:第 42 卷 [M]. 中共中央马克思恩格斯列宁斯大林著作编译局,译. 北京:人民出版社,1979:95.

② 马克思,恩格斯. 马克思恩格斯全集:第 42 卷 [M]. 中共中央马克思恩格斯列宁斯大林著作编译局,译. 北京:人民出版社,1979:167-168.

人类，同时又将人们在生产、生活过程中产生的废弃物排放到自然界，最终被自然界所接受。

从这一角度理解，劳动为人类提供了生活必需品，任何社会都不能离开劳动而独立存在。在此基础上理解"体面劳动"，每一特定的社会劳动都必须能为劳动者提供物质生活资料，且该物质生活资料要与社会经济发展水平相呼应，社会劳动得以延续的必要条件是劳动者可以获得安全、合理的报酬。只有安全得到保障，人与自然之间的物质变换才能持续，否则变换就会终止；只有取得合理报酬，才会有可能赋予劳动者体面生活。

二、劳动的基本理论构成概述

劳动是人类特有的、为满足自身的物质需要和精神需要、有目的地调整和控制人和自然界之间的物质变换过程的一种改变自然物的社会实践活动。

（一）劳动的分类

1. 按照复杂程度划分

劳动按照复杂程度可分为简单劳动和复杂劳动两大类。

简单劳动是在一定的社会条件下不需要经过特别的训练、每个普通劳动者都能从事的劳动；复杂劳动是需要经过专门学习和训练，技术复杂程度比简单劳动高，可以将其视为升级版的简单劳动。

2. 按照依靠的主要运动器官划分

按照劳动所依靠的主要运动器官的不同，可以将劳动划分为体力劳动、脑力劳动、生理力劳动。

体力劳动是指以人体肌肉与骨骼的劳动为主，以大脑和其他生理系统的劳动为辅的人类劳动。脑力劳动指的是以大脑神经系统的劳动为主，以其他生理系统的劳动为辅的人类劳动。生理力劳动是指除体力劳动和脑力劳动之外的其他形式的人类劳动。

一般的人类劳动由脑力劳动、体力劳动与生理力劳动按照不同的比例关系组合而成。通常意义上的脑力劳动是指脑力劳动占主要比例的复合劳动，体力劳动是指体力劳动占主要比例的复合劳动，生理力劳动是指生理力劳动占主要比例的复合劳动。在实际生活中，单纯的脑力劳动或者单纯的体力劳动都不可能存在，任何劳动的开展都需要脑力劳动和体力劳动的相互配合。

（二）劳动的价值体现

劳动是创造物质世界和人类历史的根本动力，是推进社会发展的根源，按劳分配的原则合情合理，而不劳而获、少劳多得的分配原则既不公平也不正义。劳动价值是由人类自身机体所产生的，是人的劳动能力的价值体现，是由人在劳动过程中所释放出来的。

1. 劳动创造人类

早在 100 多年前，达尔文的进化论就从生物学角度解答了人类起源的问题，得出了"人是由古猿进化而来的"的科学结论，但是从猿向人的转化又不是一个纯粹生物进化的过程。古猿在体质形态和群体结构上的变化，只是为人和人类社会的产生提供了自然前提。而人和人类社会产生的内在机制和现实基础，则是社会的生产劳动。

正是由于劳动人才得以从动物界中分化出来，所以说劳动创造了人本身。唯有劳动能使人生存和发展，同时能使人成为真正意义上的人，劳动是人类赖以生存、发展的决定力量。劳动创造智慧，智慧创造生产工具，人类发明制造劳动工具让劳动创造获取更多的价值。如果没有劳动，就没有发明与创造，人类社会将永远停留在原始、野蛮的古代社会，根本不会创造出现在如此灿烂辉煌的物质财富和精神财富。

2. 劳动开发思维

人类的思维活动离不开实践活动，而智力的核心是思维能力。实践活动既有学习活动，又有创造活动，而劳动正是兼有学习与创造这两个功能。例如，在劳动中，往往会使我们遇到课堂上、书本里没有的问题，这就会引起大脑的思考，我们就要对劳动的结果有所预想，就要设计达到目的的过程。当我们克服了劳动中的困难，解决了劳动中的问题，看到了自己的劳动成果，就会获得成功的喜悦，这将进一步激发我们的求知欲，增进学习兴趣，促进智力发展。

3. 劳动培养吃苦耐劳的精神

中华民族是一个具有吃苦耐劳精神的民族，吃苦耐劳精神也是中华民族的光荣传统。劳动不仅是一种生活体验，也是锻炼我们动手能力、社会实践能力的重要途径，更是培养我们尊重劳动、勤俭节约等价值观的重要方式。

4. 劳动培养责任意识

一个人的综合素质可以通过劳动来衡量，人的道德、能力素质通过劳动教育可以得到综合、全面的提升和表现。对高职学生开展劳动教育有益于培养他们独立自主的生存能力和生活能力，也有利于提升他们的社会责任感和公民意识。国内外开展了大量的调查研究，证明从小养成劳动习惯的人长大后比其他人更可能具有责任心，对家庭生活和职场工作的适应能力也更强。

5. 劳动是个人和家庭幸福的源泉

当个人理想实现或接近时内心会产生一种满足感，我们可以称之为幸福，追求幸福是人们的普遍愿望。幸福不仅包括物质生活，也包括精神生活；幸福不仅在于享受，也在于劳动和创造。在科学技术日新月异的未来社会，我们必须具备多方面、多层次的劳动能力和勤奋工作的态度。不论将来从事什么工作，都需要有动手的技能，这与知识的掌握既有联系又有区别。如果我们在成长过程中就珍惜动手的机会，有意识地培养、训练自己的动手、动脑能力来解决自己生活中的问题，久而久之，我们就会形成动手、动脑的好习惯，在未来社会中便能更好地适应生活和工作的需要。

（三）劳动的特征与属性

马克思主义理论认为，劳动是身体的行为，劳动满足的是生命的最基本需求，是人类生存发展的第一需要。

1. 劳动的基本特征

（1）劳动具有必然性

马克思和恩格斯在《德意志意识形态》中提出："我们首先应当确定一切人类生存的第一个前提，也就是一切历史的第一个前提，这个前提是，人们为了能够'创造历史'，必须能够生活，但是为了生活，首先就需要吃、喝、住、穿以及其他一些东西。因此，第一个历史活动就是生产满足这些需要的资料，即生产物质生活本身。"[①]也就是说，人类开展生产劳动是由人类物质生活需要决定的。

（2）劳动具有持续性

一个人成长中工作经验的积累、个人性格的形成、生产和生活资料的获得等很多都与劳动相关。劳动往往会伴随着一个成年劳动者的整个职业生涯。

（3）劳动具有社会性

马克思指出："人的本质不是单个人固有的抽象物，在其现实性上，它是一切社会关系的总和。"[②]人的劳动具有群体性的特征，离开了整个人类社会，个体是无法劳动的。

2. 劳动的本质特征

人类劳动的本质特征可以概况为自觉性、创造性和目的性，劳动是有明确目的地改造自然的自觉活动。当生产力还不发达的时候，人们为了获取食物、衣服、住所等生活必需品，不得不每天辛勤劳动；劳动必须创造并使用一定的物质手段，主要是劳动工具；劳动的对象具有广泛性，是以人类自身为主体改造整个世界并创造人化世界；衡量人类劳动的尺度具有多维性，包括真理尺度、价值尺度和审美尺度，即真、善、美的统一。

---

① 马克思，恩格斯. 马克思恩格斯选集：第1卷［M］. 中共中央马克思恩格斯列宁斯大林著作编译局，译. 北京：人民出版社，2012：158.

② 马克思，恩格斯. 马克思恩格斯选集：第1卷［M］. 中共中央马克思恩格斯列宁斯大林著作编译局，译. 北京：人民出版社，2012：139.

3. 劳动的属性

劳动的属性主要包括自然属性和社会属性两方面。马克思指出："劳动是不以一切社会形式为转移的人类生存条件，是人和自然之间的物质变换即人类生活得以实现的永恒的必然性。"[①]因为劳动，人类的大脑结构、肢体活动逐步发达起来，人类才得以逐渐从动物界脱离出来。

正如恩格斯在《劳动在从猿到人的转变中的作用》中指出："劳动是整个人类生活的第一个基本条件，而且到这样的程度，以致我们在某种意义上不得不说：劳动创造了人本身。"[②]不宁唯是，人类劳动所生产的产品中有一部分属于维持着人类生命延续的基本生活资料。同时，随着劳动生产力水平的提高，人类物质、文化等方面的需求也越来越高，这就需要通过劳动生产出更多、更好的产品。

世界是普遍联系的，因此，人类在生产劳动中既需要面对自然界，也需要面对社会中的各种事务。马克思指出："孤立的一个人在社会之外进行生产——这是罕见的事。"例如，当代社会中的一个成年劳动者的劳动过程都是以加入（就业）或组建（自主创业）一个劳动组织开始的，这说明人的劳动不可能孤立存在，需要在特定劳动关系中实现。在劳动生产过程中，不同的关系被联系起来，这种关联形成了人类社会的劳动分工与合作，并外在表现为生产、分配、交换、消费等社会关系。只有充分理解社会分工、融入社会分工，企业和个体的劳动价值才会被更加充分的体现。

（四）劳动的指标

劳动指标是用劳动单位计量的总量指标，劳动单位是用一定时间内完成的一定工作量或用一个劳动力工作一定时间做计量单位，劳动指标也具有一定的综合能力。总量指标按计量单位的不同，分为实物指标、价值指

[①] 马克思，恩格斯. 马克思恩格斯选集：第 42 卷 [M]. 中共中央马克思恩格斯列宁斯大林著作编译局，译. 北京：人民出版社，2016：29.

[②] 马克思，恩格斯. 马克思恩格斯选集：第 3 卷 [M]. 中共中央马克思恩格斯列宁斯大林著作编译局，译. 北京：人民出版社，2012：988.

标和劳动指标。例如，出勤工日、实际工时、定额工时等。

劳动时间、劳动总产量、劳动生产率、劳动总价值等是常用作统计和比较的指标。

劳动时间是指在一定时间的一定区域内生产某种产品的总的工作时间，这是衡量劳动的数量指标。

总产量是指在一定日历时间的一定区域内生产某种产品的总数量，这是衡量劳动成果的数量指标。

社会必要劳动时间是指在一定日历时间的一定区域内单位产量的劳动时间，这是衡量劳动效率的质量指标。社会必要劳动时间与劳动效率负相关。

劳动生产率是指在一定日历时间的一定区域内单位劳动时间的产量，这是衡量劳动效率的质量指标。劳动生产率与劳动效率正相关。

总价值是指在一定日历时间的一定区域内，生产某种产品的总数量对应的货币的数量，这是衡量劳动成果的价值指标。

单位价值是指在一定日历时间的一定区域内单位产量产品的价值，这是衡量劳动成果的质量指标。

企业在运营管理中会制订比较完善的劳动评价指标体系，对劳动者的效率和质量进行衡量，判断劳动者创造的价值多少，以此作为劳动报酬水平。

三、关于劳动与文化的关系探讨

（一）马克思、恩格斯对劳动与文化的关系研究

文化，就是文明，其实质就是人化，是人改造自然和社会的过程。在马克思主义理论中文化理论是其中重要的一部分，其蕴含了丰硕而深邃的思想内容，是对当今我国社会主义文化建设有重大指导价值的理论。

马克思主义的文化理论是建立在人类劳动实践的基础上的。在马克思主义理论中，劳动实践的概念是唯物主义历史观首要的和基本的范畴，马克思在劳动实践的基础上科学地揭示了文化的本质内涵。在《1844 年

经济学哲学手稿》中，马克思对黑格尔文化史观"主词和宾词之间关系"的颠倒进行了批判，从"自由的有意识的活动"的实践本质角度，阐述了劳动实践推动了文化的产生和发展，为历史唯物主义文化观提供了理论基础。

在《德意志意识形态》中，马克思、恩格斯革新了自己早期的文化思想，实现了与以往的文化史观之间的决裂。他们将"现实的个人"当作人类历史的基本前提，并结合意识的起源和发展，论证了劳动实践是文化产生的基础，确立了文化唯物论的基本诠释原则。以《德意志意识形态》关注的文化问题——文化与分工的关系为例，马克思、恩格斯提出三个明确的观点：一是在分工发达的前提下，显现了自然形成的工具与文明创造的工具之间的差别；二是物质劳动与精神劳动最大的一次分工促进了城市和乡村之间的分离、野蛮向文明的过渡；三是物质劳动与精神劳动分离的时候出现真正的分工，从那时起，意识从世界脱离，去创造"纯粹的"神学、理论、道德、哲学等。

所以，在马克思、恩格斯看来，分工与文化的关系密不可分，离开文化世界谈分工毫无意义。一方面，文化得以发展的条件之一是分工；另一方面，分工本身也是精神因素即文化因素发展和提高的表现，并且对物质劳动与精神劳动的分离起到促进作用。由此可见，马克思在劳动实践的基础上科学地揭示了文化的本质，夯实了马克思主义文化理论根基。

（二）从马克思主义文化理论分析劳动与文化的关系

1. 劳动是一切文化的雏形和母体

从文化的起源来看，劳动本身就是最初的文化，或元文化。即使是最原始、最粗陋的劳动，因为具有最低限度的自觉性、能动性、精神性和创造性，也已经包含文化的因子。制造一件最简陋的石器，并用它去猎杀动物，从性质上说，已经是一种人化、人性化或文化的活动了。

所有后来的文化最初无不孕育于劳动之中。人类学研究表明，巫术活动是原始劳动的重要环节，正是在劳动和巫术活动中，包含着宗教、艺术、哲学的萌芽——鬼魂崇拜、对动植物和其他自然物的图腾崇拜，孕生了后来的宗教；原始的劳动号子、劳动前后的祭祀仪式，孕生了后来的诗歌、音乐、舞蹈、绘画等艺术形式；对灵魂和世界终极原因的追问，孕生了后来的哲学。正是在劳动过程中，包含着各种科学知识的种子，而所谓科学知识，最初无不是对劳动经验和技能的归纳、总结和提高。

2. 文化反过来提高了劳动的水平

人类不会永远停留在劳动与文化的原始统一状态，进一步的趋势一定是文化从劳动中独立出来得到专门的发展。在这个过程中，劳动始终提供了文化发展的基础和动力。

（1）劳动提供了文化发展的物质基础和精神基础

一方面，没有占人口大多数的劳动者年复一年、日复一日的辛勤劳动，少数人就不可能摆脱劳动而专门从事文化创造工作，只有当全社会的劳动产生出一部分满足劳动者基本需要之外的剩余产品，文化活动才能从劳动中、知识分子才能从劳动者中分化出来；另一方面，正是在劳动过程中，人们初步了解自然界的性质和规律，了解社会和人本身的性质和规律，积累了大量的感性认识、经验和技能，才为文化的发展奠定了精神基础。没有劳动这一源头活水，绝对不可能形成文化的大江大河。

（2）劳动又是文化发展的主要动力

首先，劳动对文化的需求机制。劳动遇到的需要克服的困难和需要解决的问题、劳动效率和劳动生产力必须不断得到提高的压力，都对文化的发展提出更高的要求，促使文化活动和文化人必须不断生产出更多、更好的文化产品和服务。这不仅直接促进了天文学、物理学、化学、数学、生物学等自然科学与经济学、政治学、社会学、法学等社会科学的发展，也促进了宗教、哲学、文学、艺术、历史、伦理道德、语言等人文学科的发展——因为劳动不仅是一个不断理性化、科学化的过程，而且也是一个不断人文化、情感化、艺术化的过程。

其次，劳动分工和协作对文化的发酵机制。劳动是一个向自然界的广度和深度不断拓展的过程。最初简单的劳动后来变成越来越复杂的分工和协作体系，不仅畜牧业从狩猎、农业从采集中分化出来，而且手工业也从前述各业中分化出来，再到商业又把前述各业整合起来。分工和协作像酵母一样促进文化的发展，劳动分工越细，协作的难度越大，对文化的刺激和推动就越强烈。

最后，劳动对文化的检验和择优汰劣机制。劳动检验文化的有效性、自然知识的真理性和人文社会知识的正义性，不断剔除文化中的糟粕而保留文化中的精华，使得文化朝着劳动和整个人类得到持续进步的方向发展。

（3）文化不断提高劳动的品质和水平

社会分工大体上遵循如下逻辑：先是劳动本身的分工，这种分工促进和导致了投资经营管理与劳动的分工，这两种分工又促进和导致了社会管理（政治）与经济的分工，这三种分工又促进和导致了文化与经济政治的分工。文化从劳动、投资经营管理和政治中分化出来并得到独立的发展，是最后一次社会大分工。从社会空间属性而言，文化与政治最近，与投资经营管理较近，与劳动最远。很明显，在早期文化发展阶段，只有那些比较富裕而且社会政治地位较高的人，才有条件从事文化活动，而绝大多数劳动者与文化没有直接联系。

但是，正如劳动在直接或间接地推动文化的发展一样，文化也通过政治和投资经营管理的中介，反过来推动劳动的发展，将劳动提到更高的品质和水平。首先，科学技术的发展，深刻地影响了自然规律和自然属性以及人与自然的关系，又通过发明和制造更为先进的劳动工具，提高了劳动者的知识和技能，从而大大拓展了劳动对象的范围和深度，极大地提高了劳动生产力。自工业革命尤其是 20 世纪的科学技术革命以来，劳动过程已经大大智能化和科学化了，科学技术逐渐转化为直接的生产力，劳动者逐渐成为复杂劳动者，以致文化本身成为产业，建立在文化产业基础上的经济已经成为知识经济；其次，哲学人文社会知识也在一定程度上反哺到劳动过程和劳动者身上，一方面促进了劳动管理的科学化和人性化，另一方面也提高了劳动人民的文化水平，强化了他们的自由民主意识，加速了他们获得解放的进程。

四、劳动文化的基本内涵

劳动与文化是一种对立统一的关系，最初两者处于原始的统一之中，但也包含了对立的萌芽，主要表现在少数劳动者的精神发展和文化创造要求与原始劳动共同体之间的矛盾。随着社会分工、私有制和阶级对立的出现，劳动与文化处于尖锐的对立和冲突之中，但这种对立也不是绝对的对立，两者之间仍然具有统一的一面，主要表现是劳动和劳动者仍然拥有对文化的需求，而文化和文化人也仍然在通过各种途径反哺劳动。

在这一艰难曲折的历史发展过程中，已经出现了劳动与文化重新合二为一的需求，出现了劳动文化化和文化劳动化的趋势。因而，"文化劳动"与"劳动文化"的意识和概念也就应运而生。

文化劳动，就是劳动的文化化，是一种具有较高文化含量和文化水平的劳动，也就是具有较高主动性、积极性、精神性、创造性、自我实现和自我享受性质的劳动，是与异化劳动相对而言的自由劳动。

劳动文化，则是摒弃劳动与文化之间冲突与矛盾的另一响应，是文化的劳动化或向劳动的回归，是劳动的价值和地位的伸张，是劳动者的尊严和权利的文化宣扬，是一种新的历史观和价值观，弘扬了劳动者的经济，政治主体地位、社会历史主体地位和精神文化主体地位。

劳动文化可分为广义劳动文化和狭义劳动文化。

（一）广义的劳动文化

广义的劳动文化包含于社会意识、精神文化之中，它包括了劳动者对劳动过程、自身的感受、劳动关系、认知、评价、观念、要求、理想、理论以及科学体系等。由此可以定义，广义的劳动文化主要由以下两部分组成。

第一，有关劳动过程的物质性、客体性、客观性方面的意识和知识。具体包括：对劳动对象、工具、技术的意识和知识；对劳动者在劳动过程中的生理状况和规律的意识和知识；对劳动的分工和协作、劳动过程的管理的意识和知识；对劳动过程中发生的经济关系、政治关系、法律关系等的意识和知识。

每一个劳动者都会具有这方面的意识和知识。从此出发，学者们会发展出很多有关劳动的学科，如劳动工具学、劳动对象学、劳动技术学、劳动管理学、劳动生理学、劳资关系学、劳动政治学、劳动经济学、劳动保护学、劳动法学、劳动（社会）保障学等。这一部分劳动文化，我们称之为"劳动科学"。值得注意的是，这些学科也大都具有一定的阶级性和倾向性，代表不同阶级利益的学者们会对同一研究对象得出不同的研究结论。我们只把那些代表和维护劳动者权益的劳动科学理论归之于"劳动文化"，而把代表和维护资本利益的劳动科学理论，如泰勒对劳动的时间和动作研究，归之于"资本文化"。

第二，有关劳动过程的精神性、主体性、主观性方面的意识和知识。具体包括劳动者对劳动与人生、劳动世界与自己的关系、知觉、情感、体验、想象、思考、判断和推理，这是最直接、最本真、最原初意义上的劳动文化。把所有这些思想情感用直观的、感性的、模拟的和象征的方式表现出来，形成了劳动文学和劳动艺术。

进一步由专门的学者对处于分散零碎状态和感性认识水平的劳动文化进行反思、概括、总结和提炼，从而形成最高层面的劳动文化，即能够表达劳动者权益、意志和心声，具有鲜明的劳动阶级特色的世界观、价值观、人生观、道德观和审美观。相比前述"劳动科学"而言，这一部分可以叫作"劳动评价"，其核心就是劳动者的价值观，即劳动者对劳动过程、劳动世界和劳动者本身的价值和意义的认知和评价。这种认知和评价带有更为强烈的主观性和阶级性。统治阶级和剥削阶级也具有对于劳动、劳动者的价值、地位和作用的认知和评价，但不属于劳动文化，而属于官僚文化或资本文化，是典型的非劳动文化，甚至是反劳动文化。

这两部分内容是相对分开的，但也是相互联系，事实上是交叉在一起的。为了更为准确地对其加以论述，我们可以把前一方面叫作劳动文化的科学方面，而把后一方面叫作劳动文化的评价方面：前一方面偏于客观的、对象性分析，后一方面偏于主观的、主体性表达；前一方面适合于做自然科学和社会科学的研究，后一方面适合于做人文学科的考察；前一方面以是否符合对象世界为判定真伪的标准，后一方面以是否符合社会正义为判定对错的标准。实际上，只有哲学才能对这两个既相互区别又相互联系、相互交叉、相互渗透的方面作出一种全面、总体的论述。

（二）狭义的劳动文化

狭义的劳动文化，主要是对劳动和劳动者的价值、地位和作用的认知、表达和评价，简称"劳动评价"或"评价性劳动文化"，包括劳动哲理、劳动艺术、劳动心理、劳动美学、劳动伦理、劳动文化传播、劳动文学等。与劳动科学或科学性劳动文化大体上与自然科学和社会科学相对应不同，狭义的劳动文化大体上与传统的人文学科相对应。

评价性劳动文化大体上又存在两个层次：草根劳动者层面的和知识分子层面的。前者是基础、来源和主体结构，后者是加工、提升和上层结构；前者的创作者就是劳动者本人，后者的创作者是一部分出身劳动者或靠近劳动者或倾向劳动者的知识分子；前者在劳动者内部自发传播，后者通过一部分知识分子在知识界和整个社会横向传播。

第二节　中国劳动文化发展史

一、中国古代的劳动文化传统

（一）原始社会劳动文化的发轫

在原始社会，人们为了生存必须进行群体性生产劳动。为了提高劳动的有效性，就必须制造劳动工具。例如，作为古代诗歌起源的原始歌谣《弹歌》，就描写了原始社会人们制造狩猎工具的方法。"断竹、续竹、飞土、逐肉"表现了原始社会狩猎生活的情景。"断竹、续竹"说的是"弹"的生产制作过程，即先将竹竿截断，然后用弦将竹竿两头连接制成弹弓。"飞土、逐肉"说的是用弹弓将弹丸射出，击中并追逐猎物。该民歌简洁质朴，语句整齐，韵律和谐，可谓原始社会劳动文化的代表之作。

尽管当时的劳动工具简陋粗糙，但对当时的人来讲，它属于具有知识和技能含量的复杂劳动，为了把制造和使用劳动工具的知识和技能传授给年轻人，教育活动便应运而生。可以说，教育一开始就是劳动的产物。

在氏族公社的教育中，获取吃、穿、住等方面的基本生活资料是生活的主要方面，所以关于生产劳动的知识和技能成为教育的主要内容。氏族公社时期，人们已经具有了较为丰富的劳动经验，同时劳动工具也有了显著的改进——石器的制造中使用了磨制技术，骨器的制造中使用了刮削和刮挖技术。原始人类还在生产和生活中发明了"钻燧取火"技术、渔猎技术、农耕种植技术、粮食加工技术、农具制造技术、纺织技术、制陶技术等，这些都成为当时教育的主要内容。

随着社会生产力的发展，我国历史上开始出现学校。学校教育出现以后，特别是随着阶级的分化和国家的产生，统治阶级为了巩固统治地位，礼、乐、射、御、书、数成为教学的主要内容，但由于生产力是最活跃、最革命的因素，人们对生产、生活的需要一刻也没有停止。而劳动教育和劳动文化随着社会政治生活的变迁，虽然以不同姿态，时而昂扬、时而低调地进行，但一刻也没有停止过。

一般认为，类似学校的教育场所在原始社会末期就产生了。据典籍记载，当时的学校称为"成均"和"庠"。

"成均"相传为五帝时期的学校，《周礼·春官·大司乐》记载："大司乐掌成均之法，以治建国之学政，而合国之子弟焉。"《礼记·文王世子》记载："三而一有焉，乃进其等，以其序，谓之郊人，远之，於成均，以及取爵於上尊也。"《春秋繁露》记载："成均，均为五帝之学。"

"庠"一般被认为是虞舜时期的学校，《礼记·王制》记载："有虞氏养国老于上庠，养庶老于下庠；夏后氏养国老于东序，养庶老于西序；殷人养国老于右学，养庶老于左学；周人养国老于东胶，养庶老于虞庠。虞庠在国之西郊。"《三礼义宗》记载："虞氏之学名庠。"关于"庠"的含义，孟子解释为："庠者，养也。"即培养人的地方。东汉郑玄注："皆学名也。异者，四代相变耳。或上西，或上东；或贵在国，或贵在郊。上庠、右学，大学也，在西郊；下庠、左学，小学也，在国中王宫之东。东序、东胶亦大学，在国中王宫之东；西序、虞庠亦小学也，西序在西郊，周立小学于西郊。胶之言纠也，庠之言养也。周之小学为有虞氏之庠制，是以名庠云，其立乡学亦如之。"《礼记·明堂位》记载："米廪，有虞氏之庠也。"意思是说周代鲁国的学校起始于虞舜时期。《文王世子》记载："'书在上庠'，此大学之虞庠也。"

这一时期的教育具有直接为生产、生活服务和与生产、生活实践相融合的特点，教育内容除了礼乐外，主要是生产知识，包括农业技术、天文水利、采矿、冶炼、金属工具制作、养蚕织布、舟车制作、文字、历法等。伴随着生产知识的学习和传承，劳动文化开始在各种教育场所萌发。

（二）奴隶社会的劳动文化传统

随着生产的发展，劳动产品有了剩余，农业和手工业开始分化。私有制的产生和进一步发展使得阶级的分化日益加深，氏族公社制度逐渐转变为部落联盟，我国社会也由原始社会进入奴隶社会。

1. 夏王朝的劳动文化传统

大约在公元前 21 世纪，夏王朝作为一个部落联盟形式的国家正式建立，我国由此进入奴隶社会。根据《尚书·禹贡》记载，大禹治水成功后，将天下分作冀、兖、青、徐、豫、扬、荆、梁、雍九州，并铸造九鼎作为国家权力的象征。

在生产劳动和教育的推动下，夏王朝的语言文字、数学、天文学在当时得到较大发展。考古发现，夏王朝时期已经有了由三个偏旁构成的复体字，"旦""夏书"的诞生也充分说明夏王朝已进入了有文字记载的文明时代。夏朝的末代几个皇帝有孔甲、胤甲、履癸等名字，这证明当时已用十个天干（甲、乙、丙、丁……）作为序数。反映夏王朝天文历法知识的《夏小正》一书，用"昏中星"和"旦中星"以及北斗斗柄所指方向的变化作为一年十二个月的标志，相比《尚书·尧典》有了新的发展。

在学校教育方面，为巩固统治地位，统治阶级开始以国家机构的形式设置学校和教育制度。

夏王朝的学校有庠、序、校等称谓。郑玄注的《仪礼》记载："夏后氏之学在上庠。"《古今图书集成·学校部》记载："夏后氏设东序为大学，西序为小学。"《孟子·滕文公上》记载："校者，教也；序者，射也。"《孟子·滕文公上》记载："夏曰校，殷曰序，周曰庠。"朱熹注释道："庠以养老为义，校以教民为义，序以习射为义，皆乡学也。"

夏王朝作为中华大地上第一个阶级社会，王朝的统治者为了镇压本部族奴隶的反抗和征服其他部族，"为政尚武"，与此相适应，逐步将教育的目标转移到培养武士上来。《文献通考·学校考》记载："夏后氏以射造士。"说明当时的学校教育以习射为主，同时，为了占领和巩固意识形态阵地，夏王朝重视宗教和人伦道德教育。《礼记·表记》记载："夏道遵命，事鬼敬神而远之。"《孟子·滕文公上》记载："设为庠序学校以教之；庠者养也，校者教也，序者射也；夏曰校，殷曰序，周曰庠，学则三代共之：皆所以明人伦也。人伦明于上，小民亲于下。有王者起，必来取法，是为王者师也。"朱熹注释道："父子有亲，君臣有义，夫妇有别，长幼有序，朋友有信，此人之大伦也。庠序学校，皆所以明此而已。"

2. 商代的劳动文化传统

商代在手工业技术以及与农业生产劳动密切相关的天文历法等领域取得了很大进步。

商代以青铜器著称，商代晚期制作的"司母戊大方鼎"蕴含着很高的技术含量。根据河南郑州商城城外发现的手工业作坊遗址推断，当时已经出现青铜器、陶器、骨器、建筑等业态，说明当时各种手工业已经有了明显的行业分工并逐渐趋于专门化。

商代制陶业较为发达，商代陶器包括泥质灰陶、夹砂灰陶、泥质红陶和黑陶。商代晚期，白陶得到了高度发展，其中，以刻纹白陶为陶器烧制的最高水平。商代以后，刻纹白陶就再无人继续烧制。

商代后期的纺织手工业也得到很大发展，这一点从甲骨文的文字中可见一斑。甲骨文字中有桑、丝、帛等文字，从衣、从巾、从网、从丝的文字有数十个。

商代的建筑手工业得到很大发展，《周礼·考工记·匠人》记载："殷人重屋，堂修七旬，堂崇三尺，四阿重屋。""四阿重屋"即"宫室崇楼"，说明建筑富丽豪华。

与农业密切相关的天文学也取得显著进步。在殷商甲骨卜辞中，一块武乙时期的牛胛骨上刻画着六十组干支，据此一般认为，殷代用干支记日、数字记月，大月三十日，小月二十九日，闰月置于年终，称为十三月。甲骨卜辞中还有日食、月食和新星纪事，如"癸酉贞：日夕有食，佳若？癸酉贞：日夕有食，非若？""旬壬申夕月有食""七日己巳夕，有新大星并火"。

学校教育方面，商代的学校有庠、序、学、瞽宗等。据《礼记·王制》记载："殷人养国老于右学，养庶老于左学。"郑玄注云："右学为大学，在西郊；左学为小学，在国中王宫之东。"商代的学校除庠、序外，还增加了学和瞽宗，其中，"学"即学习文化知识的地方，"瞽宗"即学习礼乐的地方，学校的形式逐渐趋于完备。数学是商代学校教育教学的主要内容，甲骨文中的数字最大已经达到了三万。根据出土文物推断，甲骨文时期人类已经能开展简单的算术计算以及描绘出一些几何图形。

3. 西周的劳动文化传统

西周是中国奴隶制社会的鼎盛时期，《尚书·周书》内的《金滕》《梓材》《康诰》《洛诰》《无逸》等，都描述了当时农业生产和人们劳动的情景。由于当时农业、手工业的不断发展，社会在农耕技术、手工业制造技术方面取得显著成就，劳动文化则伴随着社会生产的发展不断孕育壮大。

农业技术方面。首先是作物种类得到扩展，已从商代的六七种发展到十五种，主要品种有黍、稷、麦、菽、稻等。其次是灌溉技术的发展，《诗经·大雅·酌》记载："挹彼注兹，可以濯溉。"说明当时的人们已经开始人工灌溉。最后是耕作方式和农具的进步，《考工记》记载："匠人为沟洫，耜广五寸，二耜为耦。"《周礼·地官·里宰》记载："合耦于锄。"也就是说，为提高劳动效率，周代就采用两人合耕的方式。而农具方面，周代已到了木与金属的复合工具阶段。如《周颂·载芟》记载："有略其耜，俶载南亩，播厥百谷。"《周颂·良耜》记载："畟畟良耜，俶载南亩。"《周颂·大田》记载："以我覃耜，俶载南亩。"其中，耜就是木与金属的复合工具。《周礼·地官·大司徒》记载："辨十有二壤之物，而知其种，以教稼穑树蓺。"即大司徒的职责包括辨别十二种土壤所宜种植的作物，而知道其所适宜的品种，以教民种植谷物和果树。可见，农业生产技术的推广应用也是官方工作的重点。

手工业方面。西周实行"工商食官"制度，即实行官营手工业制度。周王室和诸侯都有官府管理的各种手工业作坊，手工业作坊的生产者称为百工，均为具有一定技艺水平的工匠。由于官营手工业的发展，"百工"阶层的形成，对技能、技艺的探索和传承在民间起到很大的促进作用，艺徒制出现了萌芽。金文的《令彝》记载："明公朝至于成周，出令，舍三事令，及卿事寮，及诸尹，及里君，及百工，及诸侯。"当时的手工业者作为一个庞大的产业阶层，使得手工业制作技术得以发展和传承。一是金属手工业得到进一步发展，当时的劳动工具有耜、犁、斧、锹、镰刀、锄头等，可见金属工具得到广泛使用；二是瓷器手工业得到进一步发展，如北方张家坡遗址发掘出的瓷豆、瓷罐，安徽屯溪两个西周墓发掘出的釉陶碗、豆、尊等著名的"原始瓷器"；三是纺织业得到进一步发展，西周时的纺织业主要是麻纺织和丝纺织，郑玄所作的《毛诗笺》记载："褐，毛布也。"《诗经·小雅·巷伯》记载："萋兮斐兮，成是贝锦。"形成了"男耕女织"的传统业态；四是其他手工业的发展，如玉、石、骨、角、竹等手工业技术均有所发展。

学校教育方面。统治阶级为适应分封制和井田制等宗法制度的需要，建立起一套政教合一的官学体制。在周天子所在地和诸侯国分别设有国学与乡学，其中国学分为大学和小学，这是为贵族设立的。唐代柳宗元的《四门助教厅壁记》中记载："周人置虞庠於四郊，以养国老、教胄子。"乡学是地方学校，其设置依据地方行政建制而定，闾有塾，党有庠，术有序，乡有校。

西周时期，学校教育的教学内容主要是礼、乐、射、御、书、数，统称为"六艺"。书、数统称为"小艺"，侧重于知识传授，主要在小学阶段学习。《玉海》卷一百一十一《学校》记载："周之小学为有虞氏之庠制"。礼、乐、射、御统称为"大艺"，其中礼、乐侧重于伦理道德教育，射、御主要是作战技能训练，主要在大学阶段学习。学校教育中以"六艺"为主导致后来的学校教育逐渐与培养"农、工商"人才分道扬镳，把学校教育逐渐引向了以培养"士"为目标的发展道路。自此，劳动教育和劳动文化开始远离学校，却在社会各劳动阶层当中不断发展壮大。

4. 春秋战国时期的劳动文化传统

春秋战国时期，百家争鸣，在许多主流意识形态中都积极肯定劳动技能对社会进步的作用。例如，庄子的《庖丁解牛》一文，将庖丁宰牛的动作纯熟之美与舞蹈的节拍美和音乐的节奏美相融合，用"踌躇满志"来形容技能型人才和一线劳动者的自尊和自信。庄子还在《运斤如风》中，运用美学式的夸张笔调，称赞工匠石运用斧头的高超技能。庄子视劳动为美、视贡献社会者为美的思想还集中反映在他的《瓮盎大瘿说齐桓公》中。在这则寓言故事中，庄子称赞一个游说卫灵公的畸人之美，并且认为与这个有道德的畸人相比，正常人相形见绌。韩非子在寓言《守株待兔》中，对迷恋不劳而获的人进行了嘲笑和抨击。战国时期的《山海经》一书，在《夸父逐日》《精卫填海》《女娲补天》等中都赞扬了劳动和劳动精神。

（三）封建社会的劳动文化传统

秦始皇统一中国后的十几年中，由于要维持一支庞大的军队，便建立了一个庞大的官僚机构，进行了多次的大规模战争，完成了巨大的国防建设和土木建筑，大大加重了劳动人民的负担。到了秦二世时期，以"税民深者为明吏"，以"杀人众者为忠臣"①。这就导致农民生活更加悲惨，穿牛马之衣，吃犬彘之食，常常在暴吏酷刑的逼迫下逃亡山林，使得劳动生产受到极大影响。

西汉初年，奉行重农抑商政策，农业生产在一定程度上得到恢复，但商人地位较为低下，影响了经济的发展。汉文帝、汉景帝实行使劳动人民休养生息的无为而治、改行贵粟政策，使得国家存粮进一步增加，经济实力显著提高，商人的地位也得到相应提高。汉武帝即位后，攘夷拓土，被称为汉武盛世。至汉宣帝时期国力达到极盛，史称"孝宣之治"。汉元帝时期，土地集中日益严重，豪强庄园势力日益强大，自耕农大量破产，沦为佃农。东汉初年，刘秀统一天下后，仍然实行息兵养民的开明政策，开创了光武中兴。汉明帝、汉章帝也仍然沿袭轻徭薄赋的政策，开创了"明章之治"。汉和帝继位后开创了"永元之隆"，使得东汉国力达到极盛时期。东汉后期，地主庄园势力的膨胀日甚一日，劳动生产也日渐颓废。农业和手工业方面，铁制农具的使用和牛耕是主要生产方式，使用二牛抬杠的犁地法、代田法、区田法等新式耕田法相继诞生。国家注重兴修水利，修建的著名的水渠有成国渠、六辅渠、白渠等。东汉时期，出现了翻车和渴乌等水利工具，农业生产效率得到显著提高。汉朝的纺织业亦有国营与民营之分，到东汉时期，蚕桑养殖在长江和岭南等地开始推广。西汉早期，冶铁业分国营、官营和民营三种类型，汉武帝于元狩三年（公元前120年）收冶铁为国营，之后此政策一直没有改变。到了东汉时期，冶铁业转为社会自营，促进了冶铁业的发展。西汉早期商人地位较为低下，文帝时期，在贵粟政策激励下，商人竞买爵位，扩大贸易领域，其地位才得以提高。丝绸之路是当时世界上最重要的商路，东汉时期，中原地区商道线路发达，各地货物往来频繁。

---

① 白天乐，王崇阳. 中国全史：第1卷 [M]. 北京：光明日报出版社，2000.

三国时期，魏国由于实施了"屯田制"，奉行"强兵足食"的政策，经济得到发展。蜀国由于采取打击豪强、闭关息民、务农殖谷的政策，又在都江堰设堰官，管理农田水利工程，并推行屯田制。同时，冶铁、煮盐、织锦等重要手工业，实行公营，并设立专职官员加强管理，从而增加了国家税收，促进了生产发展。吴国原本农耕技术落后于北方，由于战乱原因导致北方人大量涌入吴国，促进了农业生产技术的提高。吴国实行的屯田制分为兵屯和民屯，兵屯下之耕者为佃兵，民屯下之耕者为屯田客。吴国位于长江流域以下，重视兴修水利，促进了经济的发展。

魏晋南北朝时期，由于北方大规模的战乱持续时间较长，使得中原地区经济发展相对较慢。相比之下，南方则相对稳定，经济得到迅速发展，逐渐改变了以往以北方黄河流域为重心的经济格局。由于士族制的发展和佛教的兴盛，导致地主庄园经济和寺院经济快速发展，土地和劳动力大量流失。由于受长期战乱的影响，城市经济遭到破坏，商品经济发展缓慢。由于民族融合的加强，各民族之间的联系更加密切，促进了经济的恢复和发展。东晋诗人陶渊明，亲自参加生产劳动，歌颂生产劳动，他的田园诗《癸卯岁始春怀古田舍》《归园田居》《庚戌岁九月中于西田获早稻》等具有强烈的劳动气息。

隋朝仿照北魏的均田制，实行均田法，轻徭薄赋，与民休息，减轻农民生产压力。为积谷防饥，广设仓库。开凿广通渠，自大兴（长安城东南）引渭水至潼关，以利关东漕运。隋文帝在位年间社会民生富庶、人民安居乐业、政治安定，开创了"开皇之治"的繁荣局面。隋炀帝在位时修建了贯通南北的大运河以及驰道，改善了水陆交通状况，为发展生产创造了条件。

唐朝的农业生产工具有了新的进步，出现了曲辕犁和新的灌溉工具水车和筒车。唐朝重视水利工程建设，致使耕地面积扩大，粮食产量得到提高。尤其是在唐朝后期，随着人口南移加上土地开垦和水利建设，南方粮食产量大幅度增加。唐朝手工业分官营和私营两种，官营手工业较私营手工业发达。唐朝初期主要有纺织业、陶瓷业和矿冶业，到了唐朝后期，南方丝织业、造船业、造纸业和制茶业得到快速发展，唐朝商业也得到较大进步。唐朝是中国古代诗歌的鼎盛时期，诗人辈出。他们也写下了许多歌咏生产劳动的著名诗篇，如诗人李绅的《悯农》诗可谓家喻户晓。

宋朝经济繁荣程度可谓前所未有，据有关资料记载，咸平三年（公元1000年）中国 GDP 总量为 265.5 亿美元，占世界经济总量的 22.7%，人均 GDP 为 450 美元，超过当时西欧的 400 美元①。宋朝民间的富庶与社会经济的繁荣实际上超过盛唐时期很多。宋朝的农业、印刷业、造纸业、丝织业、制瓷业均有重大发展，航海业、造船业成绩突出，海外贸易发达。宋朝与南太平洋、中东、非洲、欧洲等地区的 50 多个国家通商。南宋时期，南方的经济开发促成了江南地区成为当时经济文化的中心。

梯田、淤田、沙田、架田等许多新型田地的出现，大幅增加了耕地面积；各种新式农具的出现，促进了农作物产量大幅提高；耐旱、早熟稻种的推广，促进了长江流域和珠江流域农业迅速发展。北宋时期金属矿藏达到 270 余处，较唐朝增加 100 余处。丝、麻、毛纺织业较为发达，印染业也因此得到快速发展。宋朝官窑、民窑遍布全国，所产宋瓷通过海上丝绸之路远销海外。宋朝造纸业的迅速发展为印刷业的繁荣提供了基础，造船技术达到世界先进水平，年造船水平曾达到 3 300 余艘。南宋时期还出现了车船、飞虎战船等新式战舰。宋朝商业繁盛，发行了交子、钱引、会子等世界上最早的纸币。自宋朝开始，东南沿海的港口成为新的贸易中心。宋朝政府制订了中国历史上第一部贸易法《广州市舶条法》，该法令规定："在城市立设立经营外国商品的'蕃市'，供外国人居住的'蕃坊'以及供外商子女接受教育的'蕃学'。"当时，与中国通商的国家达到 58 个，对外贸易的繁荣对宋代经济社会的发展起到了重要作用。宋朝诗歌中词的形式空前繁荣，许多诗人也写下了歌颂生产劳动场景的词作，苏轼就是其中最有代表性的一位。此外，南宋描写生产劳动的诗人范成大，其《四时田园杂兴》60 首等作品，诗风平易浅显，反映了当时农村的社会生活。

---

① ［英］安格斯·麦迪森. 世界经济十年史 ［M］. 北京：北京大学出版社，2003.

明代中、后期，农产品生产呈现出专业化和商业化趋势，江南产粮区大多改为种植棉花、甘蔗等经济作物，手工业的发展也使非农业人口剧增，其他粮食生产区则为其供给粮食。徽商、晋商、闽商、粤商等商帮逐渐形成。明朝在冶铁、造船、建筑、丝绸、纺织、瓷器、印刷等方面都位居世界领先地位。一些手工业摆脱了官府的控制，成为民间手工业，使得民间私营商业得到快速发展，民间商人和资本家经济实力空前提高。

清朝随着人口数量的增加，对粮食作物的产量有了更大的需求。为此，清朝采取开垦荒地、移民边区及推广新作物等方式方法提高粮食作物产量，国际贸易的发展也促进了农业生产的发展。徭役制为代税役制，促进了手工业的发展。晋商、徽商、闽商、潮商等商帮的形成，促进了商业的发展。由于实施海禁政策和禁矿政策，一定程度上阻碍了工商业的发展。清朝晚期，随着门户开放，西学东渐，龚自珍、魏源、林则徐等地主阶级改革派人士开始反对学术上侧重训诂考据、空谈心性和脱离社会实际的文风，主张学习西方"经世致用"的学风。

二、中国近现代的劳动文化传统

从历史上看，劳动文化的发展有一个明显的轨迹，其文化的核心也在不断变化：从谋取经济利益——争取政治权利——本阶级的全面发展。在不同的时代，劳动文化围绕不同的目标建构起来。

最初工人的群体行为都是围绕提高工资、缩短工时等经济诉求展开（经济目标是劳动文化架构的核心），斗争的过程让工人认识到：经济利益的巩固与提高，往往是由非经济因素决定的。于是，工人提出了政治诉求（政治目标成为劳动文化建构的核心），典型代表当属英国的宪章运动。通过这些运动，工人争取到结社、罢工等权利，工人有了自己合法的组织——工会，甚至在有些国家，发生了颠覆性的革命行为，争取到了参与制订法律等社会规则的权利。掌握参与权的工人为了让本阶层的诉求有深厚的思想基础和社会基础，必然会继续建立和完善有关劳动和劳动者的社会意识、思想观念、价值评判、道德、传统等（工人阶级的全面发展目标成为劳动文化建构的核心）。

通过以上论述，我们可以得出一个结论，即劳动者的社会实践直接决定着劳动文化的发展与觉醒。

（一）清末至中华人民共和国成立前劳动文化的觉醒

随着 1846 年"禁教令"的废止，诞生了早期的教会学校，使得自然科学课程开始进入校园，如 1877 年在中国的新教传教士在上海成立"学校和教科书委员会"。该委员会规定，教会学校的教学内容除宗教教义外，还包括数学、物理学、天文学、地质学、化学、生物学、外语（英语和法语）、各国历史、逻辑学、心理学、伦理学、政治经济学等。

随着洋务运动的开展，向欧美选派留学生和新式学堂等近代学制开始建立，校企结合型的实践技能人才培养模式开始出现，其培养了中国近代最早的一批遍及军事、外交、管理、科技等各领域的实用型人才。清末颁布的《癸卯学制》，除了在初等教育和中等教育中增加了生产实用技术的课程，还设置了专门与生产劳动直接相关的医科大学、格致科大学、农科大学、工科大学、商科大学等分科大学。

20 世纪以来，中国社会发生了翻天覆地的变化，教育领域也发生了革命性变革。其中，最典型的变革就是使教学内容朝着自然科学和应用技术为主的方向不断推进。这些变革使得劳动教育的思想得到认可，其影响力也日益广泛，其中，黄炎培和陶行知的劳动教育思想影响较大。我国近代职业教育创始人黄炎培，提出"增加生产从教育入手"及职业教育的目的是为个人谋生准备，为个人服务社会准备，为世界及国家增进生产能力准备[1]。1916 年 9 月，他在江苏省教育会内成立了职业教育研究会；1917 年成立了中华职业教育社，创办了《教育与职业》杂志；1918 年在上海创立了中华职业学校，学校设木工、铁工、珐琅、纽扣四科，后增设土木、留法勤工俭学、染织、师范、商业等科，倡导和践行"劳工神圣""双手万能"

---

[1] 黄炎培. 黄炎培教育文选［M］. 上海：上海教育出版社，1985.

"手脑并用"的办学方针和"敬业乐群"的校训,学校设校办工厂,实行半工半读。我国现代著名平民教育家陶行知,提出"以教人者教己,在劳力上劳心",倡导"生活即教育""社会即学校""教学做合一"的生活教育理论的教学论,还提出"教学做是一件事,不是三件事。我们要在做上教,在做上学。在做上教的是先生,在做上学的是学生。从先生对学生的关系说,做便是教;从学生对先生的关系说,做便是学。先生拿做来教,乃真教;学生拿做来学,方是真学。"以种田为例,要在田里做的,便须在田里学,在田里教。"事怎样做便怎样学,怎样学便怎样教。教而不做,不能算是教;学而不做,不能算是学。教与学都以'做'为中心",强调要在"做"中获得知识[①]。

(二)中华人民共和国成立至今劳动文化的发展

中华人民共和国成立以来,院系调整和教育改革不断强化了应用性知识和技术类课程的主导地位,劳动文化教育的思想日益普及。改革开放以来,作为与生产一线联系最直接、关系最紧密的高等职业教育,从诞生之初就是围绕解决"三农"和城镇就业问题而设立的、以就业为导向的实用性技术性教育,培养合格劳动者是其最主要的目标和任务。劳动文化是校园文化最本质的特征。

随着中国从计划经济向市场经济转变,市场逐渐成为资源配置的手段,导致政府与单位之间的资源控制与依赖关系开始弱化,许多原本由单位承担的社会职能被分离出来,单位制的组织架构被打破,单位与职工之间的依附与控制关系也开始弱化。

1. 工人身份的变化

自 1984 年城市经济体制改革以来,基本社会条件发生了变化,即劳动者权利发生和存在基础发生了变化,最明显的表现是所有制变的多元化,分配制度的要素分配方式发生了改变。劳动者的权利只能通过市场

---

① 陶行知. 生活即教育 [M]. 武汉:长江文艺出版社,2019.

化的方式来确定和实现。而促成劳动者权利发生变化的直接的社会条件，在经济方面，主要是进一步明确了生产要素载体身份，建立了劳动力市场，在计划经济条件下，劳动者由生产资料共同占有者，进而成为市场上的劳动力所有者；在社会方面，社会分化和阶层重构使劳动者成为一个具有独立社会利益的社会阶层，而且劳动者与所有者和经营者之间的利益冲突和利益差别愈发明显，由于劳动者利益被侵害而导致的不满和抗议达到了白热化程度，已经由个别的、分散的行动发展成群体性的行动。

随着市场经济体制在中国初步建立，企业主阶层作为先进生产力享有越来越多的参政议政机会。虽然工人比例在各级人大代表中的比例日益增加，在国家参政议政的殿堂表达呼声和诉求的机会越来越多，但是，问题在于在资产所有者实力不断壮大的情况下，以传统产业工人和新近加入工人阶级的农村户口的工人为基本构成的现代劳动者阶层，其经济地位和社会地位也发生了变化，表现在三个方面：一是分配及社保体系的不完善急剧影响工人的生活境遇；二是社会资源和权力资源的匮乏让工人在竞争中处于弱势地位；三是意识形态的优越性对比社会变迁中渐趋边缘化让工人产生巨大的心理落差。处于这种境遇中的劳动者群体的阶层意识也在形成，一个重要的表现就是劳资冲突不断加剧，已经成为影响中国经济社会稳定发展的重要问题。要处理好这一问题，一个现实的选择就是构筑市场经济的劳动法律体系，实施劳资关系法治化建设，即通过法律来维护、保障和实现劳动者的权利。

2. 劳动法治化的进程

1993 年，中国法学界第一次明确提出了中国必须制定社会法。社会法概念提出的主要意义在于，以劳动者的利益为主要构成的社会利益的保障，应该采用不同于公法和私法的另一法域来调整。私法是以财产权为中心，公法是以行政权为中心，而社会法应该以劳权为中心。劳权的地位应该上升为社会利益的核心构成。因此就需要对劳权及其相关权利的法律关系重新界定。

1994 年 7 月,《中华人民共和国劳动法》颁布,它以保障劳动者合法权益为立法宗旨,将劳动者作为一个独立的社会利益主体和法律关系主体,构建了以劳动者权利保障为中心的法律体系框架,确定了劳动立法和劳动体制改革的市场化方向。

但是,该法律颁布时社会正处于急剧变革时期,尚存在诸多不完善之处,如存在规定过于强调原则、法律责任不明确、执行性较低、立法层次偏低等问题。进入 21 世纪,社会各界强烈呼吁及时废除或修改法律。2004 年年底,《中华人民共和国劳动合同法》的起草工作启动。保障劳工权益,使劳动者从经济增长中分享成果,与"效率优先兼顾公平"的国家发展战略相契合,是《中华人民共和国劳动合同法》等劳动法律法规起草遵循的指导思想第一要义。2007 年,《中华人民共和国劳动合同法》《中华人民共和国劳动争议调解仲裁法》《中华人民共和国促进就业法》三部法律的出台,以及 2010 年《中华人民共和国社会保险法》的出台,标志着中国的劳动法治化建设进入一个新的阶段。

3. 劳动者契约精神的提升

中国劳动法治化发展的过程,也是熔炼中国劳动者契约精神的过程。在发展初期,大部分的劳动者还没有走出"被安排"的思维惯性,作为劳动关系主体的意识不明确,再加上劳动力市场的供过于求,很多的劳动者为保住饭碗,在面对企业侵犯自身权益时,要么委曲求全,要么就采取其他非常规手段表达自己的诉求。随着劳动法治疗化的进程,劳动者的契约精神也在被进一步唤醒。伴随着《中华人民共和国劳动合同法》的起草过程,劳动者的维权意识、参与意识充分体现出来。

2006 年 3 月 20 日,《中华人民共和国劳动合同法(草案)》面向社会公布征求意见。山东淄博市临淄的农民工王立涛立刻向全国人大常委会办公厅写信,表达了自己的意见和想法。他在信中写道:"听说劳动合同法草案征求意见,我希望解决超时、超强度工作现象,希望给农民工上保险、签劳动合同，也希望我们都能按时足额领到工资。"①

　　王立涛仅仅是千万个就该法提出意见和建议的普通劳动者之一，他们打破了中国人大立法史先例，创造了新纪录——30 天收到 191 849 件群众意见，刷新了改革开放以来全国人大常委会历次法律草案公开意见征集的回复数据记录。经过筛选，65%以上的意见是由普通劳动者提出。全国人大整理各地意见汇总，每十天向社会公布一次，汇总意见多达十几万字。之后进入了法案的起草过程，更是充分展现了以全国总工会为代表的劳动者主体意识、阶层意识和契约精神的勃发。全国总工会集中工人阶级的力量对方案开展了意见征集工作，具体做法是首先由工会将《中华人民共和国劳动合同法草案》中与劳动者权益相关的条款进行归纳总结，并对每一条款都阐明立场和观点，再由全国各省市的工会就这些问题选取城市代表、企业代表和工人代表，对这些立场和观点提出意见和建议，进而再把工人的意见和建议进行反馈和总结。

　　《中华人民共和国劳动合同法》的立法过程，也是劳动者契约意识培育与觉醒的过程，这种觉醒已经超出了劳动关系的范畴，推动了契约化社会生活的发展，契约化是现代市场经济条件的必然诉求。从某种角度理解，市场经济与契约经济有相似的地方，公民社会即为契约社会。契约文化是市场经济实质精神的反映，产生于市场经济与公民社会交往主体之间公正自由和意志自律，构成了公民社会的活动逻辑。在公民社会中，通过契约规范来交往主体行为，从而实现了经济活动的公平性和合理性。伴随社会主义市场经济逐步发展与成熟，与其共存的自由、互利、平等、共赢的契约精神也逐步得到升华，不仅仅局限于经济领域，同时也是一种普遍行为准则，用以约束政治制度和社会秩序的建构，进而反向成为增强社会主义市场经济发展和完善的力量。

　　从以上论述可以看出，不管是从早期的经济抗争、政治抗争以及在国家意识形态引导下的阶级意识建构，还是到建立在契约精神之上的主体意

---

① 北京市总工会. 劳动文化研究［M］. 北京：北京出版社，2013.

识确立，人的本质发展、人性升华的自由精神以及实现自我进步的价值追求才是劳动文化的本质体现。劳动文化的主体是近现代已经具有自主意识的劳动者，即雇佣劳动者。尽管奴隶意识、小农意识和农奴意识在资本雇佣劳动社会之前的阶级社会中普遍存在，但最终都未能形成独立的阶级意识，它们从属于统治阶级意识，其本质都是对封建领主文化、奴隶主文化和官文化的默认与屈从，只有当劳动力所有权归劳动者所有，经过与资本所有权长期的矛盾和斗争，才逐步形成了劳动文化，进而与资本文化相抗衡。因此，劳动者的人身权和劳动力的所有权是劳动文化的基础。在劳动力所有权明晰的基础上，坚定劳动者主体意识，并以此保障劳动者的社会主体地位，建立公有制和民主制并根据实际需要持续变革，对劳动者的自由全面发展起到促进的作用。

第三节　典籍中的劳动文化

一、《诗经》中的劳动文化研究

《诗经》是我国第一部诗歌总集，共收入诗歌 305 首。时间跨度为自西周初期（公元前 11 世纪）至春秋中叶（公元前 6 世纪），共 500 余年。最初人们称其为《诗》，汉代儒家学者将其奉为经典，被后人称为《诗经》。"以诗说史"是我国自古以来的传统，司马迁在考察殷周至春秋的历史时多取自诗。从古代史官"采风（诗）以观政"和孔子"诗可以观"来看，《诗经》反映的确实是"全面的社会生活"。《诗经》作为我国最早的一部诗歌总集，反映的是周代 500 年间的社会生活，其中对劳动的描写是当时劳动文化的反映。

（一）热爱劳动和以劳为乐

自古我国先民就具有热爱劳动的优秀品质，他们将劳动视为人生最大的快乐，在辛勤的劳动过程中创造快乐、发现快乐和体验快乐。《诗经》中不乏有很多欢快愉悦的劳动场面的描写。

如《芣苢》："采采芣苢，薄言采之。采采芣苢，薄言有之。采采芣苢，薄言掇之。采采芣苢，薄言捋之。采采芣苢，薄言袺之。采采芣苢，薄言襭之。"它写的是三五成群的女子在山坡旷野采摘车前子草时的劳动景象，通过歌声表现了她们劳动时的欢快心情和生动活泼的气氛。

又如，《魏风·十亩之间》："十亩之间兮，桑者闲闲兮，行与子还兮。十亩之外兮，桑者泄泄兮，行与子逝兮。"描述了地处北方的魏国先民的劳动场景和热爱劳动的生活态度。

《国风·齐风·南山》中关于"蓺麻如之何？衡从其亩"以及"析薪如之何？匪斧不克"的描述，彰显了劳动阶级对劳动的熟悉和热爱。

《小雅·无羊》通过对放牧场景的描写，描绘了一幅美丽而欢乐的画面。"谁谓尔无羊？三百维群。谁谓尔无牛？九十其犉。尔羊来思，其角濈濈。尔牛来思，其耳湿湿。或降于阿，或饮于池，或寝或讹。尔牧来思，何蓑何笠，或负其餱。三十维物，尔牲则具。尔牧来思，以薪以蒸，以雌以雄。尔羊来思，矜矜兢兢，不骞不崩。麾之以肱，毕来既升。牧人乃梦，众维鱼矣，旐维旟矣，大人占之；众维鱼矣，实维丰年；旐维旟矣，室家溱溱。"充分抒发了作者热爱劳动和以劳动为乐的价值观。

另外，《诗经·大雅》中《生民》《公刘》《緜》构成了周人劳动史诗的一个系列。《大雅·生民》写周人始祖在邰从事农业生产的史实，《大雅·公刘》写公刘由邰迁豳开疆创业的史实，而《緜》写古公亶父自豳迁居岐下规划田亩建造房屋的史实，都是通过歌颂领袖的劳动品质，抒发劳动人民热爱劳动的优秀品质。

（二）崇尚劳动和以劳为美

美是人类最永恒的追求。自古我国先民崇尚劳动之美，他们将劳动和审美融为一体，创造了以劳动和劳动者为美的审美观。如《国风·齐风·还》通过对猎人相遇，相互赞誉对方猎技的描写抒发了作者对劳动者的崇尚和赞美。"子之还兮，遭我乎峱之间兮。并驱从两肩兮，揖我谓我儇兮。子之茂兮，遭我乎峱之道兮。并驱从两牡兮，揖我谓我好兮。子之昌兮，遭我乎峱之阳兮。并驱从两狼兮，揖我谓我臧兮。"诗中赞美了猎人的矫健、勇敢和技艺的高超，并借此抒发了作者对劳动者伟大形象的尊崇。

《国风·齐风·卢令》则毫不掩饰地用简洁的诗句直接赞美了劳动者的外在英姿和内在美德，如"卢令令，其人美且仁。卢重环，其人美且鬈。卢重鋂，其人美且偲。"

《国风·周南·关雎》将"参差荇菜，左右采之"和"参差荇菜，左右芼之"的忘我劳作与"窈窕淑女"的人体之美相结合，描述了少男少女们在捞取荇菜的劳动中，相互倾慕，收获爱情的唯美劳动场景。作者将劳动品质与美丽爱情相结合，唱出了一曲美丽的劳动赞歌。

《国风·召南·采蘋》则将劳动与少女心灵的塑造结合起来，用劳动衬托年轻女性的心灵之美，如"于以采蘋？南涧之滨；于以采藻？于彼行潦。于以盛之？维筐及筥；于以湘之？维锜及釜。于以奠之？宗室牖下；谁其尸之？有齐季女。"通过描绘少女待嫁之前的紧张忙碌和庄严圣洁的劳动过程，表达了少女对婚嫁的纯洁和神圣的情怀。

《小雅·采绿》描绘的是劳动妇女在外出狩猎的丈夫即将回家时，要求自己梳妆打扮的场面。"予发曲局，薄言归沐。"意思为快快采完荩草吧，然后我就回去沐浴，改换一下现在蓬头垢面的狼狈相。

《国风·周南·卷耳》通过将女子的劳动场景与美丽的爱情畅想联系起来，塑造了一个饱含忧思的唯美画面。

《国风·召南·采蘩》则通过描写宫中女佣人忙碌时发饰的凌乱来刻画劳动场面，将女性的形态美与劳动的心酸融在一起，塑造了宫中女佣不辞劳苦的亮丽风采。

《国风·召南·驺虞》则将劳动与仁爱联系起来，作者通过赞扬猎人高超的射击本领，抒发自己仁爱的价值理念。"彼茁者葭，壹发五豝，于嗟乎驺虞！彼茁者蓬，壹发五豵，于嗟乎驺虞！"此诗表述了人们在春蒐之礼上驱除害兽，但又猎不尽杀的仁慈情怀。

《国风·唐风·采苓》则将劳动与诚实诚信联系起来。"采苓采苓，首阳之巅。人之为言，苟亦无信。舍旃舍旃，苟亦无然。人之为言，胡得焉？采苦采苦，首阳之下。人之为言，苟亦无与。舍旃舍旃，苟亦无然。人之为言，胡得焉？采葑采葑，首阳之东。人之为言，苟亦无从。舍旃舍旃，苟亦无然。人之为言，胡得焉？"表达了劳动人民对人与人之间真诚相处的美好愿望。

《小雅·采薇》《小雅·采芑》则分别从采薇、采芑起兴，将普通的劳动场面与戎马将士的沙场立功联系起来，由小及大，不经意间为普通的劳动行为赋予了爱国奉献的神圣意蕴。

（三）丰收来自勤劳

勤劳是我国劳动人民的优秀品质。自古我国先民就认识到丰收来自勤劳，并以此树立了颂扬辛勤劳动的文化传统。虽然《诗经·小雅·大田》是一篇周王祭祀田祖等神祇的祈年诗，但通过描写"大田多稼，既种既戒，既备乃事。以我覃耜，俶载南亩"以及"去其螟螣，及其蟊贼"和"妇子"们"馌彼南亩"的场景，揭示了农作物丰收来自辛勤的春耕和辛苦的劳作的思想和感悟。

（四）珍视劳动果实

劳动成果来之不易，珍惜劳动成果就是尊重劳动和劳动者，这也是中华民族的传统美德，如《周颂·丰年》通过阐发劳动人民对劳动果实的丰收进而阐发其对美好生活的向往。"丰年多黍多稌，亦有高廪，万亿及秭。为酒为醴，烝畀祖妣。以洽百礼，降福孔皆。"表现了劳动人民对劳动果实的寄托之情。

二、《尚书》中的劳动文化研究

《尚书》作为中国上古历史文献和部分追述古代事迹著作的汇编，是儒家重要的核心经典之一，反映了华夏先民对自然社会和人生的认识和理解。其中，崇尚劳动成为其一以贯之的价值观，《尚书》也由此开启了中国古代劳动文化之先河。

（一）敬重生产规律，提倡科学劳动

《虞书·尧典》作为《尚书》的首篇是尧时期意识形态和上层建筑的主要反映。在开篇赞颂尧的历史功绩时，该篇用了很大篇幅记述了尧为了发展生产，制定历法的故事，其中明确指出："历象日月星辰，敬授民时。"即制定历法的目的是让百姓能够按照时令从事生产活动。有了历法，人们就有了生产活动的时令指导，"日中，星鸟，以殷仲春。厥民析，鸟兽孳尾。"即依照昼夜时间相等和黄昏时鸟星出现在南方，确定了仲春时节。百姓们在这个时候就要到田野上去耕作，鸟兽也要开始繁殖、生育。

《虞书·舜典》在记述舜任命官员时言："食哉惟时！柔远能迩，惇德允元，而难任人，蛮夷率服。"即农业生产必须依照时令科学安排，并将依照科学规律安排生产放在治国理政之首，将其与政治上体恤臣民和近德拒佞作为治国兴邦的重要举措。

《夏书·禹贡》记述的是"禹别九州，随山浚川，任土作贡"，即禹治水成功后划分九州并开山疏流的情形，其中治水的成功主要是遵从了自然规律，由此也使得农业发展、贸易通行和社会安定，进而也体现了整个社会各安其位的社会规律。

（二）确立崇尚劳动和珍视劳动果实的价值观

1. 崇尚劳动

《虞书·舜典》在记述舜的历史功绩时讲道："肇十有二州，封十有二山，浚川。"即舜划定十二州疆界，在十二座山上封坛以作祭祀，并疏通了河道，这里将其"疏通河道"与划疆界和封坛祭祀作为重大历史功绩并列。《虞书·大禹谟》记述了禹辅助舜时二人关于治国理政的一段对话，其中舜帝说："来，禹！降水儆予，成允成功，惟汝贤；克勤于邦，克俭于家，不自满假，惟汝贤。"即舜在评价大禹治水的历史功绩时说："来，禹！洪水警诫我们的时候，你能够实现政教的信诺，完成治水的工作，只有你贤能。"

《周书·无逸》记述了周公赞颂几位商王勤于劳作的事迹。"昔在殷王中宗，严恭！寅畏天命。自度治民。祗惧，不敢荒宁。肆中宗之享国，七十有五年。其在高宗，时旧劳于外，爰暨小人。作其即位，乃或亮阴，三年弗言。其惟弗言，言乃雍。不敢荒宁，嘉靖殷邦。至于小大，无时或怨。肆高宗之享国五十有九年。其在祖甲，弗义惟王，旧为小人。作其即位，爰知小人之依，能保惠于庶民，弗敢侮鳏寡。肆祖甲之享国，三十有三年。自时厥后立王，生则逸。生则逸，弗知稼穑之艰难，弗闻小人之劳，惟耽乐之从。自时厥后，亦罔或克寿。或十年，或七八年，或五六年，或四三年。"其将奴隶主贵族是否勤于劳作与统治地位的巩固和自身的福、禄、康、寿相联系。

《商书·汤誓》记述的是商汤举兵伐桀前的动员情景。其中，商汤在动员和求得民众支持时，指出了民众反对的理由，即"今尔有众，汝曰：'我后不恤我众，舍我穑事，而割正夏？'"并重点进行了说明和反驳。可见，国君放弃农事从事征讨，在当时是不被民众认可的，这也从侧面说明农业生产是当时民众的主流价值观。《周书·多方》中，周成王在宗周昭告邦众"尔乃自时洛邑，尚永力畋尔田，天惟畀矜尔，我有周惟其大介赉尔，迪简在王庭。尚尔事，有服在大僚。"即告诉那里的百姓如果能持之以恒尽力耕作田地，就会得到上天的怜悯以及朝廷的赏赐和重用。

《商书·梓材》中，用劳动生产作比喻说明如何明德，"若稽田，既勤敷菑，惟其陈修，为厥疆畎。若作室家，既勤垣墉，惟其涂塈茨。若作梓材，既勤朴斫，惟其涂丹腹。"即种田既已垦田和播种，就应整地筑田、开挖水沟；修造房屋既已筑起墙壁，就应完成涂泥和盖屋；制作梓木器具，既已剥皮砍削，就应完成彩饰，从中也体现了对劳动的崇尚之情。

2. 提倡统治阶级参加生产劳动

《周书·无逸》在记述周公追怀文王时，赞扬文王穿着朴素衣服，与百姓一起参加田间劳动，从早干到晚，顾不上吃饭。"文王卑服，即康功田功。徽柔懿恭，怀保小民，惠鲜鳏寡。自朝至于日中，昃，弗遑暇食，用咸和万民。文王弗敢盘于游田，以庶邦惟正之供。文王受命惟中身，厥享国五十年。"展示了我国先人崇尚劳动的价值观。

3. 珍视劳动果实

《商书·洪范》在讲述"五行"时讲"稼穑作甘"，将"可种植庄稼的土"与"甜味"联系起来。在讲述"八政"时，将"管理粮食"作为第一要务，还明确将"富"作为"五福"的重要内容，将"贫"作为"六极"的重要内容，充分体现了对劳动和劳动果实的尊崇。

《周书·金滕》记载的是周武王死后成王消除对周公误解的事件。误解消除后"王出郊，天乃雨，反风，禾则尽起。二公命邦人凡大木所偃，尽起而筑之，岁则大熟。"人们用灾害转化成农作物丰收来比喻正义得到伸张。

《商书·酒诰》讲述的是周公旦禁酒的事迹，将商朝灭亡归因于纣王"酗于酒，淫于妇"，规定"祀兹酒"只有祭祀时才能饮酒。此外，"迪小子惟土物爱"，即教导子孙爱惜粮食。"纯其艺黍稷"，即专心致志地种好庄稼。"肇牵车牛，远服贾用"，即努力牵牛赶车，到外地去从事贸易。

（三）崇勤尚俭

《虞书·大禹谟》记述了禹辅助舜时二人关于治国理政的一段对话，其中，舜帝在赞扬禹时说："克勤于邦，克俭于家，不自满假，惟汝贤。"即称颂禹能勤劳于国，能节俭于家的美德。《周书·周官》记述了周成王巡视和征讨诸侯回到王都丰邑后，督导整顿官员时的教导，其中讲道："功崇惟志，业广惟勤，惟克果断，乃罔后艰。位不期骄，禄不期侈。恭俭惟德，无载尔伪。"它明确倡导勤俭之风。

1. 崇勤的思想

《虞书·皋陶谟》记述了舜朝见大臣时，皋陶和禹谋议国事时的对话。皋陶说："无教逸欲，有邦。兢兢业业，一日二日万几。"即治理国家的人不要贪图安逸和私欲，要兢兢业业，因为情况天天会变。《虞书·益稷》中关于大禹自述治水的描述更为典型。禹说："予思日孜孜。洪水滔天，浩浩怀山襄陵，下民昏垫。予乘四载，随山刊木，暨益奏庶鲜食。予决九川距四海，浚畎浍距川。暨稷播，奏庶艰食鲜食。懋迁有无，化居。烝民乃粒，万邦作乂。"即禹说："我整天思考的都是如何开展各项工作。洪水淹没民众和农田时，我乘各种交通工具，做交通疏导，猎获鸟兽发放灾民。洪水过后，我领导人民疏通河道和田间沟渠，领导民众播种粮食。丰收之后，领导民众发展贸易，开展社会治理。"禹还说："予创若时，娶于涂山，辛壬癸甲。启呱呱而泣，予弗子，惟荒度土功。"即"我结婚四天就去治水了，孩子生下来后呱呱啼哭，我都顾不上管他，只忙于治水。"舜帝和皋陶听了禹的事迹后深受感动，舜帝因此作歌"敕天之命，惟时惟几"，即时时刻刻永葆勤政勤劳的作风。皋陶也激动地说："念哉！率作兴事，慎乃宪，钦哉！屡省乃成，钦哉！"即要念念不忘勤劳。最后舜帝号召大家"俞，往钦哉！"即"大家都去认真工作吧"，把崇尚勤劳的思想文化观念推向高潮。

《商书·汤诰》中，殷王说道："毋不有功于民，勤力乃事。予乃大罚殛女，毋予怨。""古禹、皋陶久劳于外，其有功乎民，民乃有安。东为江，北为济，西为河，南为淮，四渎已修，万民乃有居。后稷降播，农殖百谷。三公咸有功于民，故後有立。"即殷王于三月来到东郊向各诸侯国君讲话，要求各诸侯国君要尽心为民众谋立功业，努力做好自己的事情。否则，就要严加惩办。禹、皋陶为了使百姓定居，长期奔劳于江河治理。后稷为了农业发展，不辞辛苦教导民众播种五谷。正因为这三位古人都对民众有功，才使得他们的后代能够建国立业。

《商书·盘庚上》说道："若网在纲，有条而不紊；若农服田，力穑乃亦有秋。"说的是干任何事情只有抓住纲要才能有条不紊，就像农民只有努力耕种才会有秋天收获一样，只有勤劳才有收获。反之，"惰农自安，不昏作劳，不服田亩，越其罔有黍稷。"即懒惰的农民自求安逸，不努力操劳，不从事田间劳动，那就不会有黍稷收获。

而《夏书·五子之歌》则记述了处在尊位的太康因忧于安乐而不理政事，导致民众不服的事迹，从反面表现了对贪图玩乐的鄙视。"太康尸位，以逸豫灭厥德，黎民咸贰，乃盘游无度，畋于有洛之表，十旬弗反。"即太康处在尊位而不理政事，因喜好安乐丧失君德，使得众民不服，竟至游猎无度，百天不返。这篇是在警告统治者"训有之，内作色荒，外作禽荒。甘酒嗜音，峻宇雕墙。有一于此，未或不亡。"即统治者一味迷恋女色和游猎玩耍，整天醉生梦死，骄奢淫逸，就是自取灭亡。

《夏书·胤征》记述的是夏朝仲康时，官员羲氏与和氏由于嗜酒成性、不认真履职而引发仲康震怒，令胤侯率兵讨伐的事迹。《胤征》就是胤侯出征前向军队发表的讲话。"羲和湎淫，废时乱日，胤往征之。"即由于羲和沉湎淫乱，荒乱政务，故接受王命，前往征伐，它也是从侧面表达了对贪图玩乐的抨击。

2. 尚俭的思想

《商书·仲虺之诰》在赞扬成汤时，有"惟王不迩声色，不殖货利"之句，即赞颂成汤不亲近歌舞女色，不聚敛金钱财物的美德。

《商书·伊训》记述的是太甲元年十二月乙丑日，伊尹祭祀先王，侍奉嗣王恭敬地拜见他的祖先时，通过说明大功之祖成汤的大德来教导太甲的话。伊尹说，夏代先君曾通过制定《官刑》来警戒百官。当时的《官刑》规定："敢有恒舞于宫，酣歌于室，时谓巫风。敢有殉于货色，恒于游畋，时谓淫风。"即如敢有在宫中舞蹈、饮酒酣歌的，会被作为巫风惩治，敢有贪求财货女色、游乐田猎的，会被作为淫风惩治。

《商书·盘庚中》说道："兹予有乱政同位，具乃贝玉。乃祖乃父丕乃告我高后曰：'作丕刑于朕孙！'迪高后丕乃崇降弗祥。"即现在我有乱事的大臣，聚集财物。你们的祖先和父辈于是就会告诉我们的先王说："对我们的子孙用大刑吧！"于是，先王就会重重地降下刑罚，明确反对各级官员聚集财物。《商书·盘庚下》则表明："朕不肩好货，敢恭生生。"告诉各级官员"无总于货宝，生生自庸"，即我不会任用那些贪恋财货的人，而要任用帮助臣民谋生的人，并要求各级官员不要聚敛财富，要致力于为民谋生以立功。

《周书·泰誓》记述的是武王伐纣时向诸侯的誓言，他在历数商纣王的罪行时说道："惟宫室、台榭、陂池、侈服，以残害于尔万姓。"即商纣王嗜酒贪色，建造宫室、台榭、陂池，迷恋于奢侈衣物等，以此残害百姓。明确反对统治者奢侈之风。

《商书·旅獒》讲述的是武王克商之后，有西蕃进贡宝犬，于是召公奭著文提醒武王不要玩物丧志，提出了"玩人丧德，玩物丧志""不贵异物贱用物，民乃足"的可贵思想。

《商书·多士》明确反对游乐。其中说道："我闻曰：'上帝引逸，有夏不适逸；则惟帝降格，向于时夏。弗克庸帝，大淫泆有辞。惟时天罔念闻，厥惟废元命，降致罚；乃命尔先祖成汤革夏，俊民甸四方。'"即天帝制止游乐，而夏桀由于不节制而遭到天帝惩罚，遂命殷商先祖成汤取而代之，让杰出的人治理天下。

三、《管子》中的劳动文化研究

管仲，名夷吾，字仲。生于公元前730年，卒于公元前645年。春秋时期颍上人，被齐桓公任用为相和"仲父"，辅佐齐桓公图霸。管仲辅佐齐桓公近40年，把一个"地潟卤、人民寡"的齐国治理成春秋时期第一霸主。我们现在看到的《管子》一书是在西汉末年刘向编本基础上，由历代学者校订而成的。虽混入后人，特别是稷下先生的作品，但也保存了管仲和管仲学派的大量著作，基本上反映了管仲和管仲学派的文化特征。

（一）鼓励统治者参加生产劳动

《管子·轻重甲第八十》记载："今君躬犁垦田，耕发草土，得其谷矣。"即管仲认为，现在君上亲身示范犁田垦地，开发草土，是可以得到粮食的。

（二）肯定劳动者的历史地位

《管子·霸形》记载："齐国百姓，公之本也。"即管仲认为百姓是国家的根本。在此基础上，管仲认为"本立则国固"。

《管子·轻重甲第八十》记载："鹄鹍之所在，君式璧而聘之。"即管仲建议齐桓公，对于有能力射鹄鹍的人才，请君上送上玉璧去聘请他们，以提醒齐桓公尊重劳动者，尤其要尊重工匠型人才。

（三）重视农业和农事生产

管仲认为应及时开垦和耕作国家的土地，发展农业，消除荒芜。《管子·霸言》记载："地大而不耕，非其地也。"

管仲主张通过发展农业，实现富国强兵。《管子·治国》记载："夫富国多粟生于农，故先王贵之。""民事农则田垦，田垦则粟多，粟多则国富。国富者兵强，兵强者战胜，战胜者地广。"

管仲提醒封建统治者提高对发展农事重要性的认识，《管子·轻重甲第八十》记载："一农不耕，民或为之饥；一女不织，民或为之寒。故事再其本，则无卖其子者；事三其本，则衣食足；事四其本，则正籍给；事五其本，则远近通，死得藏。"即农民不耕田，百姓就会挨饿；妇女不织布，百姓就会受冻。农事收益达到成本的两倍，农民就不用卖儿卖女；达到三倍，则衣食充足；达到四倍，则赋税有了保证；达到五倍，则余粮就会远近流通，死人也能得到妥善安葬。管仲主张只有发展耕织农事，才能从根本上解决社会的安定和发展问题。否则，就会"此不待战而内败"，即如果农事不兴，不用战争国家就会从内部垮台。

（四）主张尊重农业生产规律

管仲认为发展农业就要遵循季节规律，这样才能提高粮食产量。《管子·轻重甲第八十》记载："今为国有地牧民者，务在四时，守在仓廪。"《管子·乘马》记载："时之处事精矣，不可藏而舍也。故曰：'今日不为，明日忘货。昔之日已往而不来矣。'"即要按照农时进行农事活动。

第二章　劳动教育研究

本章内容为劳动教育研究，主要围绕劳动教育的意义、劳动教育的重点、劳动教育课程的开展展开论述。

第一节　劳动教育的意义

劳动教育是中国特色社会主义教育制度的重要组成部分，是新时代党对教育的新要求。劳动教育自古有之，与教育的产生几乎同步。东西方古代的劳动教育是面向大众、面向生产实践的教育，带有明显的体力劳动倾向，存在于普通教育之中，没有独立形态。学校里独立的劳动教育是近代以后的产物。不同时期、不同国家的劳动教育及其思想有所差异，但基本内涵大体一致。

在内涵上，劳动教育由劳动、教育两个元素构成，是一种以提升学生劳动素养的方式促进学生全面发展的教育活动；在外延上，劳动教育的范围包括劳动情感的培养、劳动价值观的养成、劳动智能的讲授、劳动态度的培养等方面。劳动教育类型可以从教育主体不同来区分，可分为学校劳动教育、社会劳动教育和家庭劳动教育，劳动教育从教学形式上可以分为专业实践、课堂教学、社会活动、家庭生活、生产实践等。

综合来看，劳动教育是以督促学生养成正确的劳动价值观（养成正确的劳动观、建立积极的劳动态度、热爱劳动和劳动人民等），养成良好劳动素养（形成劳动习惯，有一定劳动知识与技能，有能力开展创造性劳动等）为目的的，具有独立品质、多种类型及形态的教育活动。

一、探究劳动教育的背景与缘由

劳动教育是联通教育世界与生活世界、职业世界、新兴创客世界等的重要环节，是素质教育的重要内容。

（一）我国开展劳动教育的背景

中华民族历来以勤劳勇敢著称，马克思曾引用 1852 年在广州的一位英国军官的话说："靠劳动为生的中国人……他们特别吃苦耐劳。"（《马克思恩格斯全集》第 19 卷）中国古代的先民不管条件多么艰苦都在辛勤劳动，用勤劳的双手推动社会进步，创造了中国古代灿烂的文化。例如，秦始皇兵马俑、万里长城、都江堰、大足石刻、敦煌艺术、大运河、四大发明，还有总结农业生产经验的名著《齐民要术》，总结医学实践经验的名著《黄帝内经》《难经》《神农本草经》《伤寒杂病论》，总结地理的名著《水经注》、百科全书《梦溪笔谈》等。

近代中国由于受到帝国主义的侵略，普通百姓受到残酷的压迫和剥削，人民的生活异常艰苦。即便如此，中国人民还是负重前行，通过自己的辛勤劳动艰难度日。

中华人民共和国成立以后，全社会掀起社会主义新中国的建设热潮，中国人民敢于战天斗地，不怕困难和牺牲，用革命的热情劳动、用牺牲的精神奋斗创造了一个又一个奇迹。中国人民不仅养活了自己，而且依靠自己的智慧和力量创造出惊人的成绩：西藏和平解放、"一化三改造"顺利完成、抗美援朝战争取得胜利、武汉长江大桥和南京长江大桥建成、"两弹一星"成功发射、神舟六号载人飞船飞入太空、"嫦娥"登月、港珠澳大桥成为世界桥梁史上的奇迹，以及天眼、墨子号量子卫星、中国高铁、扫码付款、共享单车、网购引领世界潮流等。这些成就的背后凝聚着无数一线工人、农民、战士、科技工作者等的辛勤劳动。

在看到这些振奋人心的伟大成就的同时，我们也要清醒地看到现实中一些让人担忧的现象。相当一部分年轻人不愿意劳动，不懂得尊重他人的劳动成果，甚至鄙视劳动。有的学生毕业了，到了该找工作的时候都不愿意工作，而是赖在家里"啃老"，缓就业、慢就业、不就业已经不是个别的、少数人的状态（《2019高校毕业生就业情况观察报告》）。当前劳动教育存在的问题可以概括为：劳动教育的认识浅化、劳动教育的普及短化、劳动教育的内容窄化、劳动教育的育人价值虚化。

这样的现象是极其有害的，实现中华民族伟大复兴的中国梦要靠一代又一代人的艰苦努力和辛勤劳动。如果年轻一代不愿意劳动，不爱惜劳动成果，不尊重他人劳动，怎么可能指望他们长大后能够辛勤劳动？怎么可能指望他们为祖国的建设事业贡献力量？怎么可能指望他们克服各种艰难险阻负重前行？因此，我们要加强对青少年的劳动教育，培养能担当民族复兴大任的时代新人。

（二）我国开展劳动教育的缘由

劳动教育关系到人的全面发展，关系到国家的未来。开展劳动教育是遵循马克思主义教育思想、构建高质量教育体系和高水平人才培养体系的必然要求，对于职业院校整个课程教学及人才培养具有重要意义，应当予以高度重视。

1. 必然要求

首先，开展劳动教育是遵循马克思主义教育思想的必然要求。马克思主张生产劳动与教育相互结合的劳动教育思想，其被认定是组织做好社会主义教育事业的重要原则之一。与此同时，与普通的教育思想不同，它以唯物主义视角对劳动教育思想作了系统全面的阐述，将劳动教育升华至普遍规律的高度之上，强调开展劳动教育可以促进人的解放，从源头上明确了教育应当"为人、对人、靠人"。

其次，开展劳动教育是构建高质量教育体系和高水平人才培养体系的必然要求。我国高校肩负着培养社会主义事业建设者和接班人、造就无数高技术技能人才的重大任务，肩负着"为人民服务、为中国共产党治国理政服务、为巩固和发展中国特色社会主义制度服务、为改革开放和社会主义现代化建设服务"的神圣使命，其培养的人才就应该有正确的世界观、人生观和价值观及正确的事业观、审美观和劳动观。高校开展劳动教育，可以促进树德、增智、强体、育美。其中，劳动精神的培养是高校品德教育的重要组成部分。高校教育中劳动各个学科侧重点不同，高校智育包含了劳动科学和技能的教育，高校体育注重劳动能力的锻炼，高校美育侧重于培养劳动者对美的追求和创造。通过开展劳动教育，引导学生树立劳动最为光荣、崇高、伟大、美丽的劳动价值观，切实加强学生理想信念教育，使其推崇劳动价值、渴求劳动创造、尊重劳动主体，形成以辛勤劳动为光荣的行动自觉，不断成长为有理想信念、有过硬本领、有责任担当的社会主义建设者和接班人，进一步营造劳动光荣的社会风尚和精益求精的敬业风气。劳动教育应该独立成为完善人才培养目标、支持德智体美育的重要平台。可以说，加强高校劳动教育，是中国特色高等教育的显著特点，是扎根中国大地办高校的本质要求。

2. 客观需要

劳动和教育二者的有机结合形成了劳动教育。一方面体现了理论和实际相结合的教学理念，人们利用和总结实践经验投入学习，同时通过实践对学习成效进行检验，彰显了劳动的功效；另一方面加深了学生对于劳动生产知识和技术知识的认知和理解，提高学生的动手实践能力和解决问题水平，发挥了教育的效能。

劳动教育是实现个人梦想和国家梦想的一个重要选择，但在现实生活中，由于社会物质生活日益丰富和传统的家庭教育的方法有失偏颇，孩子应该做的事情都由家长包办了，致使一些孩子在家面对力所能及的事情都不肯去做，都没有做过，过着饭来张口、衣来伸手的生活。毫无疑问，我们应贯彻落实党的教育方针，把"劳"作为培养目标之一，在高校开展多种形式的劳动教育，是当前社会现实的需要，更是年轻一代成为实现中华民族伟大复兴中国梦的社会主义事业建设者和接班人的需要。

二、劳动教育的目的和意义

（一）学习劳动知识

劳动知识是指劳动者在劳动实践中形成的关于劳动者、劳动资料、劳动对象、劳动过程、劳动成果的了解和反映，一般包括关于劳动的知觉、表象、经验、概念、理解等。关于对劳动的朴素认知，依赖于劳动者在劳动实践中产生的关于劳动过程和劳动要素的切身感受。随着劳动实践的持续积累，将劳动者产生的感觉材料进行精简升华、去伪存真等加工制造，形成关于劳动的本质和规律的深刻认识。这种关于劳动本质和规律性的认识的其中一部分就构成了劳动知识。

劳动具有多样性，无论哪一种劳动都具有自身的特殊知识领域。在田间耕种要学习农业生产的知识，利用电脑等先进设备进行劳动更需要学习相关专业知识。劳动提升了学生对专业知识学习必要性的认知，有益于培养学生学习劳动知识的兴趣。

劳动过程促进了劳动知识的学习和掌握。许多中外教育家均主张学校教育与生产劳动相结合。如宗教改革后期法国作家拉伯雷就提出，教育的目的是实际生活的准备，学生应该在实际生活中学习和掌握知识，主张学生应在课余参加与生计相关的各种劳动[1]。

知识能够震撼学生的心灵，拓宽学生的视野，激发学生的思考与创造。劳动文化教育融劳动知识于其中，能够有效地增强教育活动的吸引力。在教学实践中，教师应通过劳动教育和实践锻炼，丰富学生的劳动知识。

---

[1] 吴元训. 中世纪教育文选［M］. 北京：人民教育出版社，2005.

（二）掌握劳动技能

劳动技能是劳动能够得以实现的前提。掌握劳动技能是一个人实现从想劳动、爱劳动到会劳动转变的必要条件。

从社会层面看，技术技能型人才是经济社会发展的重要支撑，我国经济社会的发展需要大批高素质技术、技能型人才。培养学生的劳动技能相当于培养一支爱劳动、能劳动、会劳动的产业大军，对于提高我国的劳动效率和产品质量具有十分重大的现实意义。

从个人角度看，掌握劳动技能也是个体树立自尊自信和完善自身的必由之路。通过技能操作，学生从感性活动中体验到活动的快乐，锻炼了肢体的灵活性，强壮了筋骨，培养了自尊和自信。

一般来说，知识、智能、能力、技能、职业能力是一组相关性较强的概念：（1）知识是在人脑中形成的经验系统。（2）能力是人顺利完成某种活动所必需的并直接影响活动效率的个性心理特征，它包括实际能力和潜在能力两部分：实际能力指已经达到的表现出来的能力；潜在能力指尚未表现出来的心理能量，是实际能力展现的可能性，也是实际能力形成的基础和条件。（3）智能是指认知方面的各种能力，即观察力、记忆力、思维能力、想象能力的综合，其核心成分是抽象思维能力。（4）技能则是指个体运用已有的知识经验，通过练习而形成的智力动作方式和肢体动作方式的复杂系统。技能包括在知识经验基础上，按一定的方式进行反复练习或由于模仿而形成的初级技能，也包括按一定的方式经多次练习使活动方式的基本成分达到自动化水平的高级技能。按技能本身的性质和特点，可分为动作技能和智力技能两种：动作技能是指表现在外部的，以完善合理的方式组织起来，并能顺利完成某种活动任务的复杂的肢体动作系统，如写字、弹琴、骑车、打字、使用生产工具等；智力技能是指借助于言语在头脑内部的、以一定的程序组织起来并能顺利完成某种认知活动任务的复杂的智力动作系统，如阅读、运算、分析、构思技能等。

相比较而言，知识是对经验的概括，能力是对调节认知活动的心理活动过程的概括，技能则是对动作和动作方式的概括。一方面，知识、能力是技能掌握的前提，它制约着技能掌握的快慢、深浅、难易、灵活性和巩固程度，而技能的形成与发展将有助于知识的掌握和能力的发展，所以任何技能的形成与发展都离不开与之相应的知识和能力。高校要开设必要的理论基础课，为学生学习和掌握劳动技能提供原理和方法基础。另一方面，作为肩负生产一线技术技能岗位的高等职业教育大学生，更重要的是要掌握足够熟练的劳动技能。高校应坚持以实践教学为主体，强化技能训练这一旨在使学生更有效地表现其角色行为而必须进行的特殊能力的学习及其培养过程。

高校应重视从课内外多个方面培养学生的职业能力。英国曾在 20 世纪 80 年代初实施"技能掌握培训计划"，认为职业能力"是运用知识、生产和过程技能有效地达到某个预期目标"。英国的标准和评估局对职业能力的解释是：个人完成某个职业的各种活动并达到预期标准的能力。1996 年，英国的齐索姆和齐毋斯开发了一个职业能力的整体框架，认为职业能力有四个相互联系的"核心部分"：（1）功能性的——能有效完成工作情境中的任务并产生某种具体结果的能力；（2）知识的、认知的——拥有某种合适的、与工作相关的知识并能有效运用的能力；（3）个人的、行为的——在工作情境中能采取适当行为的能力；（4）价值的、伦理的——具有良好个人或职业价值观并能作出合理判断的能力。

高校应保证和创新劳动技能教育课程和劳动实践活动，重点在时间、师资、场地、设备等方面给予充分保障，要创新教育教学形式，克服由于安全原因而削弱的劳动技能教育，尤其是应重视培养学生的科研设备使用技能。同时，应结合理论课和专业课教学，增设实验实训和劳动实践环节，加强高职大学生理实一体化教学，实现理论与实践相结合、研究与动手相结合。

世界各国，尤其是发达国家十分重视技术技能人才的培养。为了培养青年人的劳动技能，创始于 1947 年的世界技能大赛，每年都聚集世界各国 22 岁以下的青年选手进行技能角逐，而这些选手大都来自发达国家。近年来，随着我国生产力水平和现代化程度的提高，国家对技能型人才的重视程度也越来越高。2017 年，我国积极备战第 44 届世界技能大赛，进而促成我国上海成功申办第 46 届世界技能大赛，我国技能人才培养在国际上的影响力开始显现。目前，使得我国高技能人才占劳动力的比重越来越大，标志着我国劳动力素质的显著提高，尤其是我国的职业院校和劳动教育基地在技能型人才的培养上，进行了艰苦的探索，并且也取得了举世瞩目的成绩。

（三）学会相互合作

劳动教育对于学生相互合作等良好品德的养成具有十分重大的意义。在劳动过程中，学生能够切身体会和感悟个体之间的社会关系，加深对劳动中人与人之间相互依存、平等互助、团结友爱重大意义的认识。美国现代教育家、思想家杜威曾提出"学校即社会"，主张让学生在学校学习和体会社会中的真实生活，并认为这才是促进学生身心成长的正当途径[①]。杜威倡导教师要把教授知识的课堂变成学生活动的乐园，引导学生积极自愿地投入活动，在活动中自然而然地养成良好品德和获得更多知识，实现生活、生长和经验的改造。当前，我们开展劳动文化教育就是要让学生在劳动实践中体验社会生活，从而学会正确对待他人，深刻理解只有尊重别人的自由和共同秩序，自己才能得到发展。通过劳动实践，培养自信、自觉的品质，学会正确对待自我，培养吃苦耐劳和战胜困难的精神和勇气，并体会劳动规范、劳动道德的重大意义，培养遵纪守法和遵守社会公德的规则意识。

在教学实践上，应通过让学生参加集体劳动和生产实习，使其与工人、

---

① ［美］杜威. 我的教育信条［M］. 罗德江，杨小微，编译. 上海：华东师范大学出版社，2015.

农民等一起摸爬滚打，培养劳动人民情感。学生应该在劳动集体中接受手工劳动教育、智力教育和情感教育，儿童只有在劳动集体中才能养成良好的道德风尚和高尚的情操。同时，通过脏、苦、累教育和实践体验，培养学生良好的意志品质。在教育过程中，我们要注意尊重学生的人格，尊重学生的主体地位，尊重学生的发展潜能，解放学生的个性，培养学生全面发展的发展观。

（四）体认劳动价值

1. 从人生观的高度体认劳动价值

生活靠劳动创造，人生也靠劳动创造，所以广大青年一定要勇于创新、创造。我们应通过劳动教育，使广大学生从人生观的角度端正对劳动之于人生的重大意义的认识。

2. 从价值观的高度体认劳动价值

我们要教育孩子们从小热爱劳动、热爱创造，通过劳动和创造播种希望、收获果实，也通过劳动和创造磨炼意志、提高自己。我们应通过劳动教育，使学生树立劳动光荣、劳动神圣、劳动和谐、互帮互助、平等共享的价值取向，体会劳动伦理与情感，创造劳动文明，体认场景美和精神美，培养自己的劳动乐趣和审美，学会正确对待自然，树立生态和谐理念，在劳动实践中感悟"纷吾既有此内美兮，又重之以修能"的劳动价值。

3. 培养学生正确的劳动态度

手工劳动职业预备教育的目的并不在于介绍劳动的过程、劳动工具、劳动器械和某种特定职业所需要的材料，正如脑力劳动职业教育的目的并非仅仅传授未来职业所需要的知识是一样的道理。任何地方的预备教育的目的都是为了健全职业教育所必需的机构，在于适应公正的劳动方法以及越来越彻底和越来越严谨的习惯。预备教育的目的还在于唤起真正的劳动热情。在教学实践中，我们应通过劳动教育，加深学生对劳动的意义和价值的认识，培养其正确的伦理与情感，包括对投入与参与劳动发自内心深处的真切愿望、劳动过程中克服困难和挫折的决心。而影响态度形成的有认知、情感和行为倾向性三个成分，其中认知是第一位的影响因素。在教育实践中，我们应通过文化认知和实践体验，培养学生对劳动的情感和情怀，践行人与自然的和谐理念。具体做法上，通过知识输入加强认知教育，同时加强团队活动和实践体验，强化情感培养和行为习惯养成。

（五）树立健康人格

劳动会给世界观、人生观和价值观形成期的学生在内心深处埋下健康人格的种子。此外，劳动使得身入其中的学生受到身心的双重改造，会促进学生养成有益于其终身生活和发展的健康人格。

1. 劳动有利于塑造学生阳光心态

学生在劳动过程中，尤其是在共同探讨和齐心协力挥洒汗水的过程中，会与老师建立起信任关系，同学之间也会建立朋友式的信任关系。这种信任关系对于塑造学生阳光心态具有积极意义。实践证明，经常参加集体劳动的学生，容易在集体劳动的协作互助中形成宜人性人格和尽责性人格。宜人性人格主要表现为信任、直率、利他、温顺、谦逊、慈悲等人格特质；尽责性人格主要表现为自信、秩序、责任感、为成果努力、自律等人格特质。而不参加劳动的学生，特别是一些好逸恶劳的学生，由于缺乏只有在集体劳动中才会体验和体悟到的关心、互助和协作精神，则容易形成稳定性人格，主要表现为焦虑、生气、敌意、沮丧、敏感害羞、冲动、脆弱等人格特质，怀有这类人格特质的学生会存在着一定程度的焦虑、抑郁和自杀的风险。

2. 劳动有利于培养学生的自尊心和意志力

通过参加劳动，在劳动过程中创造劳动成果和社会财富，进而实现自身价值，有利于培养和提高学生的自尊心和自信心。19世纪瑞士民主主义教育家裴斯泰洛齐主张大众教育和贫民教育，为了改变穷人卑微的生活处境，他主张"首先要改变穷人那种胸无大志、缺乏目标和主动性、缺乏人类尊严的状况……通过教育和诚实的劳动获得人的尊严"①。也就是说，在劳动教育过程中，除了使学生学到劳动的知识和技能外，还要"培养人本性的各种力量"②。同时，劳动实践往往是个艰苦的过程，在劳动过程中，通过克服困难，实现目标和收获劳动成果，会锻炼学生的意志力，有利于培养学生为理想而奋斗的信心和韧性。而缺乏必要劳动实践的学生，则容易缺乏必要的自尊和意志力，他们往往难以认同自身的价值，不愿为理想和目标去努力，由于自制力较差，遇事不容易保持韧性，容易半途而废，难以做到善始善终。

3. 劳动有利于培养学生的认知力

实践出真知，只有亲身参与劳动实践，体验劳动感受，才会调动自身器官全方位感受自然和社会，才能进一步刺激大脑去做深入的思考。另外，意志力也是影响学生认知力的一个重要因素。意志力水平低、缺乏劳动实践体验的学生性格上一般偏向外控型，表现为难以保持对长期目标的坚持和热情，这些人常常更相信运气和命运，进而影响了其自身的认知力。

4. 劳动有利于培养学生的情感和行为投入

劳动实践体验具有亲和力和幸福感，经常参加劳动实践体验的学生这种感觉往往较为强烈。科学健康的劳动教育常常对学生具有强烈的吸引力，在这样的劳动实践体验中，学生们容易形成对各项社会事业抱有强烈的热情和献身社会事业的强烈愿望。而缺乏劳动体验的学生对社会活动的情感投入和行为投入都呈现显著的负相关，表现为缺乏归属感，学习兴趣低，缺乏投身于社会活动的热情。

5. 劳动有利于使学生养成认真和细心的良好习惯

在劳动文化教育实践中，劳动成功意味着劳动产品的形成，对于劳动者来说则意味着巨大的成就感。劳动失败意味着劳动材料和劳动者时间、

---

① 吴式颖，任钟印. 外国教育思想通史：第 6 卷 [M]. 长沙：湖南教育出版社，2002.

② [瑞] 阿尔图·布律迈尔·裴斯泰洛齐·裴斯泰洛齐选集：第 2 卷 [M]. 北京：教育科学出版社，1994.

精力的浪费，对于劳动者来说，就会产生巨大的挫折感。为此，学生在劳动实践过程中，会主动保持聚精会神和专注工作的状态，有利于学生养成认真和细心的良好习惯，为未来从事职业活动和适应职业要求打下良好基础。

6. 劳动有利于培养学生的社会责任感

学生在劳动实践中，会切身体会到劳动对社会的意义。在劳动过程中，学生会切身体会到国家、集体和个人在劳动产品分配上的关系，有利于加深其对人类劳动社会性的理解，认识到自身在团结互助中的社会责任。同时，劳动就是奉献，青年大学生在劳动实践中更容易体悟奉献的价值，更容易培养自身奉献社会的高尚情操和形成强烈的社会责任感。

7. 劳动有利于培养学生艰苦奋斗的精神

劳动往往与劳作具有相似的意义，人们通过劳动能够养成吃苦耐劳的优良品质，而吃苦和艰苦奋斗是劳动概念的核心要义。

当前，在高校毕业生中，缺乏吃苦和艰苦奋斗的精神是一种较为普遍的现象，由此也造成了一些毕业生不愿意到一线艰苦的岗位工作。尤其是在农业类高校的毕业生中，一些毕业生不愿意到"三农"一线工作的现象较为普遍，这造成了人才资源浪费和农业企业"用工荒"。一方面，是受"三农"工作环境艰苦、收入待遇低、得不到社会应有的尊重等因素的影响；另一方面，不可否认的是，毕业生缺乏吃苦和艰苦奋斗精神是更主要的原因。

党的十九大提出了"实施乡村振兴战略"的宏伟目标，要实现乡村振兴的战略目标，关键是实现农业类技术技能型人才下沉到"三农"一线去，通过实现乡村人才振兴促进乡村产业振兴的实现。随着农业产业转型升级，特别是都市型现代农业的兴起，向循环农业等生态型农业种植模式的转型迫在眉睫，对农业技术技能型人才的需求愈加迫切。从小的方面讲，高校的大学生通过接受劳动文化教育养成吃苦耐劳和艰苦奋斗的优良品质，对于其自身今后人生发展和奉献社会具有重要意义；从大的方面讲，开展劳动教育，使青少年通过劳动实践实现在改造自然的过程中改造自身，通过创造新人类创造新的人类历史，具有更加深远的历史意义和社会意义。

第二节　劳动教育的重点

一、提高劳动教育的思想性

思想性指劳动教育"所表现出的政治倾向和社会意义"，劳动教育要融思想性于其中。

（一）应体现活动的社会意义

我们要将责任教育、使命教育、信念教育、信仰教育、理想教育融入劳动教育。劳作教育的重要代表凯兴斯泰纳认为，应通过劳作教育使学生了解国家任务，激发学生由于对国家任务的理解而产生公民责任感及对祖国的热爱[①]。虽然他提出的这一教育思想在本质上是为当时的资产阶级国家服务的，属于资产阶级的奴化教育，但如果能抛开特定的历史背景来理解，对于我们今天开展社会主义劳动文化教育仍有一定的借鉴意义。

（二）应体现活动的人文价值

我们要注重培养学生追求真理、崇尚科学和独立思考的人文精神和公民意识，使学生在活动中养成追求真善美的优秀品质。通过劳动文化教育中的理性分析，学生应从长期课堂教育中形成的不假思索寻求标准答案的惯性思维中跳出来，养成独立思考的良好习惯。爱因斯坦在其《培养独立工作和独立思考的人》一文中指出："学校的目标应当是培养独立工作和独立思考的人，这些人把为社会服务看作自己最高的人生问题……，但是人们应当怎样来努力达到这种理想呢？是不是要用讲道理来实现这个目标呢？完全不是。言辞永远是空的，而且通向毁灭的道路总是和多谈理想联

---

① ［德］凯兴斯泰纳. 工作学校要义 ［M］. 刘钧，译. 北京：商务印书馆，1926.

系在一起的，但是人格绝不是靠所听到的和所说出来的言语而是靠劳动和行动来形成的。"

（三）应让学生在劳动活动中涵养自己的劳动品质和创造创新精神

在劳动教育过程中，通过情景创设、研究型学习、欣赏与评价等教学过程，有利于培养学生的劳动兴趣、观察能力、想象力、创新意识和创造思维。尤其是通过动手实践环节，有利于培养学生对劳动的情感及劳动实践中手脑的并用和协同，这可以将学生的创新创造精神直接转化为具体的创新创造行为，有利于培养其创新创造品质。如北京农业职业学院在北京市中学生学农教育中，加强课程安排的顶层设计，将课程安排板块化，融科学性、人文性和公民素养教育于一体，收到了良好的教学效果。他们通过开设农作物种植与管理、园区管理、果树田间管理、素质拓展、垃圾分类与回收利用等课程培养学生的社会责任感，通过开设智能温室、植物组织培养技术、无人机、走进桑蚕的世界、水的奥妙等课程培养学生的科学精神，通过开设扎染技艺、纺织技艺、主食与传统饮食文化、家常菜制作等课程加强对学生的传统文化教育，通过开设兰花的品鉴与种植、小品花的设计与制作、压花小画制作、动物品种识别、多肉植物组合盆栽、蝴蝶的养殖与管理、蜜蜂的养殖与管理等课程培养学生高雅审美情趣和文化素养。

二、提高劳动教育的趣味性

劳动教育的趣味性一直受到中西方教育家的重视，如 19 世纪德国著名教育家赫尔巴特就主张建立在多方面兴趣基础上的课程教学理论，他将兴趣分成经验的兴趣、思辨的兴趣、审美的兴趣、同情的兴趣、社会的兴趣、宗教的兴趣六种，并主张在教学中加以贯彻。20 世纪初期，德国教育家凯兴斯泰纳提倡一切活动均应从学生的实践兴趣出发，他在《劳作学校要义》一书中指出："即使不得不承认，福斯特在他的《青年教育》中所给予的有益启示，使人们认识到以兴趣为出发点的理论的重要性。然而，我们的学校缺少的却是这种实实在在的思想教育。"这就提醒我们：开展有效的劳动文化教育，必须提高活动的趣味性。我们应采取有效的活动形式，让参与活动的学生感到有兴趣，以此增加课程的吸引力，使学生能够全身心地投入活动之中。同时，使其体会到活动的情趣，在其乐融融之中激荡起心灵深处的感动和感悟，培养学生的生活情趣，使其在活动中养成热爱劳动、热爱生活、积极乐观的良好品质，提高劳动教育的有效性。

要提高劳动教育的趣味性，一个十分重要的方面就是劳动教育活动重视以学生为主体的教育思想：一方面，在课程设计上应与学生生活、所学专业和职业生涯规划相结合，使每一位学生都乐于参与其中，如北京农业职业学院在北京市中学生学农教育中，通过开设创意盆景制作、剪纸、小小建筑师、小型农机具的使用、DIY 微景观创意手工、五谷粮食画等课程，让学生们充分参与其中，提高学习兴趣和动手能力；另一方面，在教育形式上要设置一些问题导向的课程，宜于发挥青少年学生喜欢沟通交流、讨论争鸣的性格特征，激发思想碰撞，增强学生在活动中的自主性，如北京农业职业学院在北京市中学生学农教育中，通过开设颜色的奥秘、农业机器人、农家生活体验等课程，激发学生们沟通交流和讨论争鸣，收到良好学习效果。同时，教师在语言上力求生动活泼，宜采用学生体的语言，在沟通交流方面更加贴近学生。

三、正确理解教育与生产劳动相结合

（一）正确含义

重点是吸取新中国成立以来劳动教育的历史经验和教训，正确理解和把握教育与生产劳动相结合的含义。

1. 具体学习过程

教育与生产劳动相结合是强调在具体知识的学习和掌握过程中，只有注重与具体的生产实践相结合，实行"做中学、学中做"，才能更好地加深对知识的理解和掌握，更好地获得学习成果，培养自身的创造能力。就像卢梭主张儿童从事劳动的目的不在于这种劳动的结果，而在于这种劳动对儿童的教育意义一样，美国实用主义教育家杜威也认为，让学生参加劳动只是为了"从做中学"，目的是防止使学生陷入那种离开劳动实践而仅仅靠听课和读书获得知识的学习方式，因为这种学习方式获得的知识是虚渺的[①]。著名教育实践家和教育理论家苏霍姆林斯基认为，劳动教育不同于人们通常所理解的生产劳动和简单体力劳动，这种劳动教育是建立在知识学习基础上的劳动实践，是以激发学生强烈学习愿望和发展学生创新能力为出发点的劳动实践。作为一种把教学内容与劳动实践有机结合的有效学习方式，劳动教育的开展让学生告别了单调乏味的死记硬背，在创造性的劳动中得到德智体全面发展。从这个意义上讲，劳动文化教育的劳动也应是带有教育性质的实践活动，是教学的一种手段和环节，是克服单靠死记硬背等应试教育、教学方式和方法的一种有效手段。教育作为培养儿童、少年、青年准备从事社会生活的整个过程，应处理好课堂学习与动手训练、理论学习与社会实践、校内学习与顶岗实习的关系，使其有机地结合起来，相互促进、协调发展。

2. 生产劳动过程

教育与生产劳动相结合是强调学生只有在生产过程和劳动实践中，才能更好地促进身心健康和品质健全。18 世纪法国伟大的启蒙思想家卢梭主张劳动教育的原因之一就是实现其"回归自然"的教育原则，目的是实现学生"自然状态"下的身心协调发展[②]。我们开展劳动文化教育目的是让学生亲身参与和体验生产劳动的过程，在劳动实践的过程中，学生既是财富创造者，又是财富支配者和财富享受者。这实现了财富创造者、支配者、享受者三者的有机统一，有助于形成靠劳动立足于社会和自然的思想观念

---

① ［法］卢梭. 爱弥儿［M］. 成墨初，李彦芳，编译. 武汉：武汉大学出版社，2014.
② ［法］卢梭. 爱弥儿［M］. 成墨初，李彦芳，编译. 武汉：武汉大学出版社，2014.

和精神品质。同时，通过参与劳动实践，切身体会"谁知盘中餐，粒粒皆辛苦"的深刻含义，有助于学生养成尊重他人劳动和珍惜劳动果实的思想品质。

3. 人的生存发展

教育与生产劳动相结合强调教育要与人的生存发展相结合，树立从实际出发，实事求是的思想路线，提高广大学生将知识用于解决人类生存的现实问题的自觉性和主动性，培养学生基于所学专业，面向专业领域，解决现实问题的意识和能力。同时，将学生所学知识与特定的具体实践相结合。

（二）应防止和克服的错误倾向

在实践中，正确贯彻落实教育与生产劳动相结合的方针，在实践中应重视防止三个方面的错误倾向。

1. 单纯重视理论教学，轻视实践训练

高校是为生产一线和"三农"事业培养以较强的动手操作能力为主要特征的技术、技能人才的重要平台，为此，应加强实验操作、生产劳动、顶岗实习和社会实践环节的教学，重视培养学生从事体力劳动的素质和习惯，尤其是要反对和防止学生养成歧视和厌恶体力劳动的不良思想和观念。

2. 用生产劳动冲击课堂教学

学生"以学为主，兼学别样"，对于高校学生来说，扎实的文化理论知识和较强的实践动手能力都是不可或缺的，要防止将高校变成培养纯手艺匠的学校。为加强高校大学生政治素养、人文素养、科学素养和可持续发展能力的培养，各高校应充分保障和切实加强公共基础课和专业理论课教学。

教育与生产劳动相结合的关键是通过劳动来更有效地掌握知识、提高能力、培养技能，应防止为了劳动而劳动，甚至用盲目的劳动活动冲击正常教学秩序。

3. 劳动教育和理论教学"两层皮"

简单地将文化知识的学习与生产劳动叠加起来是不够的，必须把二者有机地结合起来，使二者相互贯通、相互支撑、相互促进、互为补充。首先，劳动必须是与教学要求相一致的劳动；其次，教学必须是以培养学生社会实践能力为目标的教学。

第三节　劳动教育课程的开展

为构建德、智、体、美、劳全面培养的教育体系，2020 年 3 月，《中共中央国务院关于全面加强新时代大中小学劳动教育的意见》（以下简称《意见》）出台。针对一些青少年中出现的不珍惜劳动成果、不想劳动、不会劳动的现象，《意见》从思想认识、情感态度、能力习惯三个方面向全体学生提出了劳动教育目标，突出强调劳动教育的思想性。新时代加强劳动教育必须强调以习近平新时代中国特色社会主义思想为指导，落实立德树人根本任务。要扎实推进劳动教育，必须把劳动教育纳入学校课程体系，加强课程建设，开展多样化劳动实践。

一、了解我国劳动教育的历史

先进的生产力最终决定社会历史发展，生产力水平由劳动者、劳动资料与劳动对象决定。基于社会发展基本脉络来梳理劳动教育的历史，可以发现，从古代劳动教育独立地位的缺失到近代独立而多样的劳动教育的起步，再到中华人民共和国成立后劳动教育的丰富与深化发展，劳动教育经历了很长一段时间才为学校系统所接受，并随着社会政治、经济、文化的发展而不断变化。

（一）古代劳动教育：融合、分离与忽视

教育起源于人类社会的物质生产劳动。人类社会发展历经不同的经济时代，"各种经济时代的区别，不在于生产什么，而在于怎样生产，用什么

劳动资料生产。"①这说明生产力发展水平决定经济社会发展程度，而生产力发展取决于劳动工具与劳动资源。人类劳动形态发生变化，劳动教育的存在方式也打下时代的烙印。

1. 融合

人类为了生存，必须利用自然，借助各种可能的自然物开展劳动。"劳动首先是人与自然之间的过程，是人以自身的活动来引起、调整和控制人和自然之间的物质交换的过程。"②手工劳动是人类最初的劳动形态，成为同动物区别的显著标志。手工劳动是借助人的身体力量，直接利用自然物或改造自然物作为工具开展劳动，手工劳动所依托的劳动工具可理解为劳动者身体的外在延伸。人类社会初期的劳动水平低下，劳动工具依赖自然环境并受自然环境的束缚。人在尊重、顺应、依赖自然的过程中从事手工劳动。因此，手工劳动对应的劳动教育明显体现出与自然融合的基本特征。人通过身体力量利用自然物，采用打制、磨制、纺织、热熔等方式，制造并运用劳动工具，通过模仿、经验分享、经历述说等途径，将劳动的方式、方法传递给他人，实现在劳动中教育，在教育中劳动。因此，手工劳动时代没有出现专门的劳动教育，或者说手工劳动过程就是劳动教育过程。

我国先民同样聚族而居，精耕细作。在原始社会，教育与生产劳动、社会生活紧密相连，先民们转化自然资源，寻求生存所需的物质基础，再以部落或家庭为单位，传承在劳动过程中所积累的生产经验和劳动技能。所以，早期的劳动教育也是与生产劳动融为一体的，尚未成为独立的社会活动。

---

① 马克思，恩格斯. 马克思恩格斯文集：第 5 卷 [M]. 中共中央马克思格斯列宁斯大林著作编译局，译. 北京：人民出版社，2009.

② 马克思，恩格斯. 马克思恩格斯全集：第 31 卷 [M]. 中共中央马克思格斯列宁斯大林著作编译局，译. 北京：人民出版社，1972.

2. 分离

随着生产力水平的提高，体力劳动与脑力劳动的分工出现，阶级和奴隶制度产生，相应地，直接劳动者与管理直接劳动者的间接"劳动者"出现，以及专门的教育场所，即学校诞生了。之后，学校教育从生产劳动中分离出来，成为独立的社会活动，进而发展成为统治阶级的特权。

我国西周时期的学校教育以礼、乐、射、御、书、数为基本教育内容，同物质劳动及技能教育分隔开来，学校教育内容脱离了生产劳动。春秋战国时期百家争鸣，道家主张"大巧若拙""朴散为器"，认为"有机械者必有机事，有机事者必有机心"（《庄子·天地》），将手工业者的匠心与逐利者的心机联系在一起。实质存在的劳动教育转向家庭生活或家庭式工作坊，由家庭长者向子女传授劳动经验和劳动技能。一些社会礼教或宗教活动，也在一定程度上对劳动的社会风尚起到潜移默化的影响。

3. 忽视

随着社会阶层的不断分化，劳动阶级与统治阶级形成对立，劳动被忽视、轻视，甚至歧视。这些现象明显地体现在当时一些著述和言论中。孟子主张"劳心者治人，劳力者治于人"（《孟子·滕文公上》），将劳心者与劳力者分开，将生产劳动排斥在教育活动之外。墨家也认为不从事生产劳动的上说下教者"虽不耕织乎，而功贤于耕织也"（《墨子·鲁问》）。这些看法在教育上也有表现，官学和私学均较为忽视劳动教育，学校教育与生产劳动割裂。西汉董仲舒主张"罢黜百家，尊崇儒术"，使得儒家思想长期主导学校教育，"学而优则仕"深入人心，做劳心者而非劳力者成为民众的追求。隋唐以降，科举盛行，读书人毕生渴望"朝为田舍郎，暮登天子堂"，科举考试内容以儒家经典为主，学校教育内容与生产劳动也没有直接关联，但不可忽视的是，劳动教育仍然存在于家庭和行业活动之中。尤其值得深思的是，明末清初教育家颜元要求学生"当立志学礼、乐、射、御、书、数，以及兵、农、钱、谷、水、火、工、虞"，打破了传统教育对劳动的偏见，但未被时人接受。

总体上看，中国自古以来就是农业大国，在原始社会、奴隶社会和封建社会中，自然经济的生产方式以及封建社会中产生的专制主义中央集权的政治制度等，都深刻地影响着我国古代社会的劳动教育观，也制约着劳动教育的实践取向及存在方式。传统的学校教育追求君子"谋道不谋食"的目标。因此，劳动教育长期为知识阶层所忽视。

（二）近代劳动教育：正视、力行

手工劳动使人有目的地利用和改造自然，让自然为人的生存和生活服务，开启了人的创造。同时，通过劳动，人的语言、生理结构、人体机能、推理能力等也得到相应的发展，人类文明开始进步。从石器劳动时代的简单磨制，到金属工具劳动时代的热熔器具以及简单的机械制作，再到两次工业革命，人类逐步从农耕文明迈向工业文明，劳动工具也从手工制作变为机器制作，单一的手工劳动逐步让位于机器劳动。工业文明为西方国家带来了前所未有的社会进步，社会生产力水平大为提高，劳动形态及相应的劳动教育也发生了巨大变化。我国劳动教育在西方文明的冲击下逐渐发生巨大变化。

1. 正视

尽管我国有着悠久的农业文明，农业生产积累了十分宝贵而丰富的经验，但由于封建社会制度的约束，工业革命对我国的影响甚微。加之长期以来的闭关自守，机器劳动在我国仍然处于较低水平。鸦片战争的炮火围困，让中华民族备受磨难与耻辱，迫使中国封建社会走向解体，刺激并启动了中国社会的近代化。

在教育领域，"西学东渐"势不可挡，千百年来"四书五经"所垄断的教学内容，受到西方先进科技的强烈冲击。洋务派主张"西学为用"，如李鸿章、左宗棠、张之洞等人创办新式学堂，将西方数学、化学、天文、地理、生物等学科知识编译成书，供学堂教学使用。资产阶级改良派笃信"农、商、矿、林、机器、工程、驾驶，凡人间一事一意者，皆有学"，如康有为、梁启超多次提出废科举、兴实业，农、工、商各领域的生产知识与劳动技能逐渐被正视。这些努力影响到学校教育，为学校劳动教育的起步奠定了一定的基础。1904年《奏定学堂章程》规定小学设置手工；1909年中学增设手工；1912年《小学校令》要求为初小、高小女生设置缝纫课程，为高小男生增加农业课程。这些都体现出当时教育对社会巨大变化的及时应对。

2. 力行

劳动教育在民国时期有了巨大突破。中华民国成立后，系列法令陆续颁布，规定小学开设手工课。尽管封建帝制被推翻，民族危机仍未消除，知识分子希望"教育救国"，拯救民生。

黄炎培将"尊重劳动"（学生除半日工作外，凡校内一切洒扫、清洁、招待等事，均由全体学生轮值担负）列为学生入学誓约的首要条目[①]。

陶行知主张"行是知之始，知是行之成"[②]，系统阐述了劳动是实现教育目标的必要手段。他鼓励学生到民间去，并在课程安排中组织农事及机械制造等活动。

梁漱溟在山东主持乡村建设运动，鼓励学生积极参与劳动。他不仅在课程中专门设计农业、手工业等环节，还在学校日常生活方面主张"一切零碎事都要学生自己做"，要"学着勤劳一点，俭朴一点"[③]。

晏阳初倡导平民教育，主张劳动教育，具有世界性的影响力[④]。值得注意的是，欧美这一时期的一些教育家反对旧式学校教育，倡导新教育和进步主义教育，重视手工、园艺、家事等劳动教育内容，但劳动教育在公立学校的合法地位仍然没有建立。

总体上看，近代以来，无论是"中学为体，西学为用""实业救国""教育救国"等鲜明主张，还是五四运动、平民教育运动、乡村教育运动等社会运动，都逐渐改变了受压迫的劳动者的地位，使劳动教育逐渐得到重视。1922年11月，新学制——壬戌学制正式出台，小学高年级增加职业准备教

---

① 黄炎培. 黄炎培教育文选 [M]. 中华职业教育社，编. 上海：上海教育出版社，1985.

② 陶行知. 中国教育改造 [M]. 北京：线装书局，2018.

③ 马勇. 梁漱溟教育思想研究 [M]. 沈阳：辽宁教育出版社，1994.

④ 曲铁华. 民国乡村教育研究 [M]. 长沙：湖南教育出版社，2018.

育课程，包括自然、园艺、工用艺术；初中在实行普通教育的基础上，兼设各种职业科。至此，劳动教育在思想与实践上有了一定突破，在近代学校教育中占有一席之地。

（三）现代劳动教育：制度化、教育与生产劳动相结合、替代与对立

现代社会迅猛发展，科学技术成为生产力发展的巨大推进器，培养掌握科学文化知识的现代生产者和管理者成为学校教育的重要使命。教育日益普及，劳动教育的形态也日益多样。

1. 制度化

在新民主主义社会向社会主义社会过渡时期，我国效仿苏联发布一系列规程，促进劳动教育规范化和制度化，初步建立起生产劳动技术教育体系。但此时劳动教育基本停留在宏观层面，与现实条件不匹配，相关政策的执行也并未达到预期效果。自中华人民共和国成立以来，受有限的物质条件以及认识误区的影响，劳动教育经历了几番艰难的探索。

自中华人民共和国成立至 1958 年，党和国家的重要会议、工作报告都十分重视劳动教育，不断强调劳动教育的地位和意义。中华人民共和国成立初期，《中国人民政治协商会议共同纲领》"提倡爱祖国、爱人民、爱劳动、爱科学、爱护公共财物为中华人民共和国全体国民的公德"。这一时期，劳动教育是贯彻"教育为生产建设服务的方针"的重要内容。

1954 年的《政府工作报告》中指出"中小学教育中都应当注意劳动教育，以便中小学毕业生广泛参与农业劳动"。1955 年教育部发布的《关于初中和高小毕业生从事生产劳动的宣传教育工作报告》和相关通知，都要求课堂教学贯彻劳动教育，注意对学生进行综合技术教育，有步骤地实施基本生产技术教育。同年 9 月，教育部印发《关于小学课外活动的规定的通知》，将基本生产教育作为劳动教育的内容。1956 年 7 月，教育部印发通知，明确规定了基本生产技术教育周课时。

2. 教育与生产劳动相结合

在全面建设社会主义时期，劳动教育地位被提升至前所未有的高度，

并在实践层面得到强势推进。1958 年，劳动教育从不同角度得到进一步强化，教育与生产劳动相结合成为当时教育革命的主要内容，是教育实践需要贯彻的基本原则，是教育战线上资本主义与社会主义路线斗争的表征。同年 2 月，全国人民代表大会第五次会议召开，将劳动教育视为"多快好省地建设社会主义"的重要途径，强调"一切学校，均把生产劳动列为正式课程"，这句话在同年 9 月正式列入中共中央、国务院《关于教育工作的指示》中。至此，劳动在教育中的地位得到确立。

3. 替代与对立

之后，勤工俭学、半工半读成为全国热潮，"劳动人民知识化，知识分子劳动化"成为时髦口号，学校办工厂、工厂办学校、半农半读、半工半读成为教育的典型。劳动教育过度强化，冲淡日常教学内容，出现系统知识学习与生产劳动的对立，即脑体劳动的对立。

在相当长的时期里，劳动教育在过度强化的过程中被异化，劳动形态对立，正常教育受到干扰。劳动替代教育、劳动与教育对立的情况延续时间较长，直到十一届三中全会才得到纠正。

二、我国高校劳动教育课程开展背景

（一）新时代劳动文化融入高校劳动教育的价值

新时代劳动文化融入高校劳动教育，提升了劳动教育的文化温度，在提升劳动认同、重塑劳动观念、实现以美育劳、培育健康人格方面具有重要价值。

1. 根植文化基因

基因是深深植根于人们灵魂深处和自觉潜意识中的文化因素，一旦植入就会长期而持久地影响和制约着人的行为选择和自觉性。中华优秀传统文化蕴含着深厚的文化底蕴，以人生价值和意义为核心，以心性修养为重点，不断丰富和发展我国的劳动文化，使新时代的劳动文化饱含东方智慧。

新时代劳动文化对大学生的思想和行为具有强大的感染力和号召力，能提高大学生的劳动素养，培育成熟理性的劳动意识，进而体悟到劳动对个人成长的积极促进作用，提升大学生对劳动的认同。新时代劳动文化弘扬尊重和保护劳动者的地位、权利和荣誉，消除轻视和鄙视体力劳动者的不良社会心理，在全社会形成尊重和保护劳动者的文化氛围，直接影响着大学生对待劳动者的态度。劳动伦理和劳动价值观，维护着劳动关系的和谐稳定，大学生在劳动中实现自身的人生价值，身心全面发展，提升了其对自身劳动者身份认同的基础。

2. 重塑劳动观念

新时代劳动文化是劳动价值观生成的根源，凝聚了全社会对劳动的价值共识。劳动价值观是对劳动文化的高度凝练，是劳动文化的核心和内在本质，塑造着劳动者的劳动观念。新时代劳动文化在全社会营造良好的社会风气，培育大学生的家国情怀，引导大学生在追求物质利益的同时，重视精神文化境界的提升，促进精神文化的丰富和自由，从而明晰劳动的价值和前进的方向，使大学生在劳动中教化自我。

大学生需厘清"为了谁而劳动"这一劳动教育的根本问题，从而改变轻视体力劳动者以及不愿意成为体力劳动者的劳动观念，形成愿意作为劳动者的文化价值观和愿意成长为社会主义劳动者的文化理想。对劳动的完整认知，重塑了大学生的劳动观念，让大学生与各行各业的劳动者一起，辛勤劳动、诚实劳动、创造性劳动，实现自身的自由全面成长，最终成为能够担当民族复兴大任的时代新人。

3. 实现以美育劳

从根本上讲，人类的审美产生于劳动，美就是作为主体的人的自由自觉的特性在生产实践、精神创造和文化表达上的生动体现。劳动文化中"各美其美、美美与共"的文化理念，可以培育大学生健康的审美观，提升大学生的审美感受力、审美鉴赏力和审美创造力，发挥以美育劳的独特育人价值。

首先，审美能力陶冶道德情操，升华劳动情感。具备劳动审美能力的大学生，能够用审美的眼光重新审视劳动和劳动教育，体悟到简单劳动和复杂劳动、体力劳动和脑力劳动、具体劳动和抽象劳动都是在共同创造世界。劳动者是美的，大学生可以认识到劳动的光荣和劳动者的伟大，升华大学生的劳动情感。

其次，审美能力促进自由劳动，提升劳动效率。对劳动的美感体验，会让大学生感到身心愉悦，使大学生从被动劳动转化为主动劳动，成为自由自觉的劳动者，劳动效率随之提高。

最后，审美能力培育创新精神，铸造大国工匠。求真尚美是工匠精神的内核，创造性劳动能够提升劳动产品的附加值，推进产品的更新换代和产业技术的优化升级，有助于大国工匠的培育。新时代劳动文化满足了年轻一代劳动者在劳动中对美的追求和体验，使人成为真、善、美的统一的个体。

4. 培育健康人格

新时代劳动文化深刻影响着大学生的世界观、人生观和价值观，大学生在劳动中可以塑造阳光心态，提升人格修养，促进其健康人格的养成。

一方面，新时代劳动文化培育大学生坚强的意志品质。劳动过程中的艰辛和疲惫的消除，需要大学生调动自身的意志力才能完成。大学生通过艰苦奋斗克服劳动过程中的种种困难，实现劳动的预期目标，收获丰硕的劳动成果，养成做事善始善终的良好品质，提升对自身的内在认同，自信心和意志力不断增强。

另一方面，新时代劳动文化培育大学生敢于担当的责任意识。劳动过程中的分工与合作，明确了大学生在团队中的责任，提升了大学生的主体意识和责任意识。大学生在劳动中投入大量的时间、体力、精力和情感，切实体会到劳动对社会存在和发展的意义和价值，进一步明晰自身的目标和方向，对社会事业产生强烈的热情。在劳动中的责任和担当，让大学生收获了幸福感和归属感，促进了大学生人格健康发展。

（二）我国高校劳动教育课程实施的现实问题

1. 课程实施目标片面化

长期以来，我国部分高校还存在着将劳动教育狭义化现象，将其片面理解为关于劳动技能的教育，忽略了劳动教育课程在塑造学生的劳动价值观、养成积极劳动态度方面的目标指向，导致一些大学生劳动价值观念模糊、劳动意识淡薄，甚至在潜意识里形成了轻视劳动、鄙视普通劳动者的思想，如一些高校师范生认为从事教师职业只需要具备扎实的理论知识和较强的教学技能，而知识和技能的获得与劳动教育毫不相干。如此，高校劳动教育课程育人价值被异化。

另一方面，随着我国经济社会的快速发展，高新技术产业日益融入教育领域中。人工智能逐渐取代了部分体力劳动，超前消费、盲目拜金的思潮涌现，不少大学生从小"衣来伸手，饭来张口"，生活条件富足，劳动技能、劳动习惯没得到很好的养成，劳动观念淡薄，劳动价值观模糊，大学生作为高校劳动教育实施的主体性未被唤醒，他们难以体会到劳动教育的幸福感和价值感。于是，部分大学生逐渐形成不劳而获的错误思想，大大降低了新时代高校劳动教育课程育人效果。

2. 课程实施内容空洞化

目前，虽然许多高校都已形成相对完备的劳动教育课程规划，但囿于场地、师资及经费等课程资源的局限，导致劳动教育课程实施内容空洞化现象严重，有待进一步丰富和拓展。从现有高校课程设置来看，缺乏有针对性的劳动观念教育。通识教育及学科专业课程主要帮助大学生掌握基本的人文、社会及自然科学知识，尚未形成与新时代高校劳动教育课程的深度融合，再加上部分教师课程与教学观念陈旧，错误地认为学生动手操作和劳动实践会浪费学习时间，降低学习效率，导致一些高校劳动观念教育浮于表面，往往依靠单一的理论课程实施和少量的校内实践活动。

一些高校除了勤工俭学岗位以及宿舍个人内务外，校内大部分劳动活动都聘请专人负责，大学生真正参与劳动实践锻炼的机会少之又少。由于缺乏真正参与劳动的机会，大学生对于劳动教育课程的认识仍存在着严重的思想偏差，在一定程度上制约着"以劳树德、以劳增智、以劳强体"的课程育人效果。从课程实施过程来看，高校劳动教育缺乏扎实有效的劳动技能培育实践活动。

当前，一些高校除了在大学生通识教育选修课或任选课中开设劳动教育相关课程内容外，还开展了探究式、项目化劳动实践，以及劳动教育与思政教育、专业教育、职业生涯教育等相融合的教学活动。虽然高校劳动教育课程呈现多元化开展态势，但课程实施仍旧偏向理论化，造成大学生劳动技能普遍低下，实践动手操作水平不高，其实质是对劳动教育中大学生高阶性能力培养的忽略。

从课程实施方式来看，高校劳动教育缺乏真实的社会实践锻炼。高校劳动教育课程的有效实施，还有赖于实实在在的社会实践来帮助大学生增强劳动能力，厚植劳动情感，锻造优秀的劳动品质，为其将来顺利踏上工作岗位，更好服务社会奠定坚实基础。而当前高校劳动教育课程实施呈现出严重的"去社会化"现象，即过于重视劳动理论知识的传授，缺乏真实环境下的社会劳动实践。

虽然一些高校围绕专业课程实施开展了专业见习、专业实习与研习等相关课程活动，也组织了如"三下乡"、顶岗支教、志愿服务等一系列相关团学实践活动，但这些并没有真正和劳动教育课程实施紧密结合起来，也难以成为锻炼学生服务社会能力的有效途径，高校劳动教育课程育人功能也就未得以真正发挥。

3. 课程评价模式单一化

目前，劳动教育已经纳入高校立德树人和人才培养全过程，劳动教育课程实施成效已成为衡量高等教育人才培养质量高低的重要指标。纵观当前，高校劳动教育课程评价仍然难以打破以"结果性评价"为主的现实窠臼，忽视了对大学生内在劳动观念、劳动情感等综合素养的评价，严重削弱了高校劳动教育课程育人实效。

一是课程评价主体的单一化。当前，高校劳动教育课程评价主要是以教师评价为主，学生处于被动地位，即便部分高校劳动教育课程评价会涉及学生的自我评价，但学生自评的机会非常有限。

二是课程评价指标的单一化。高校劳动教育课程实施的过程是集思想性、教育性以及审美性等于一体的实践活动，而长期以来，高校劳动教育课程评价却局限于特定阶段学生劳动知识与技能的习得效果，缺乏对其参与劳动教育课程实施全过程的情感态度、劳动精神、劳动品质等心理变量的关注，大学生良好劳动品质的锻造、积极劳动情感的激发、深厚劳动情感的培育等被无情搁置。

三是课程评价方式的单一化。劳动教育是一种充满实践性和参与性的活动，高校劳动教育课程评价应注重学生在自我体验与建构中实现多元化发展。当前高校劳动教育课程评价方式过于单一，忽视了大学生在劳动过程中的真实体验，特别是在"唯分数"主义影响下，高校往往把学生的课堂表现及期末考试成绩视为唯一的评价内容，课程考核形式以纸笔测验为主，完全忽略了学生在劳动过程中的成长变化，失去了高校劳动教育课程评价多元化的本真之义。

三、我国高校劳动教育课程开展准备工作

新时代劳动教育课程设计是以新时代劳动教育课程观为指导，制订新时代劳动教育课程标准、选择和组织劳动教育教学内容、预设劳动教育方式的活动，是对劳动教育课程目标、劳动教育经验和预设劳动教育方式的具体化过程。在这个过程中，教育者以新时代劳动教育课程理论为基础，遵循新时代劳动教育规律的要求，按照劳动教育资源的特点，借助一定的教学方式和方法，结合学生实际情况确定劳动教育目标，根据这一目标准备劳动教育内容，并对劳动教育内容进行计划、组织、实施、评价、修订，以最终完成新时代劳动教育课程目标。

（一）从劳动教育课程设计环节入手

新时代劳动教育课程设计是一项非常复杂而系统的工作，涉及语文、思想品德、美术、地理等学科，校外劳动教育活动还要涉及基地、交通、餐饮、住宿、安全等多个领域。我们在设计时，需要遵循一定的步骤与环节，以确保后期劳动教育教学实践工作的顺利开展。

1. 确定劳动教育主题

劳动教育主题是劳动教育的灵魂，劳动教育过程中的所有环节设计，都应围绕教育主题来展开。在设计劳动教育主题时，需掌握分析学生需求的方法与技术，找准学生在劳动教育中的真问题，并且找准这些真问题与教师已有经验或兴趣的结合点，以此选定合适的课程主题。课程主题选定首先要符合"小""实""专""新"四个标准，同时还要给这个劳动课程主题拟定一个合适的标题，而这个标题须既反映实质又新颖有趣。

2. 设定劳动教育目标

设定劳动教育目标，首先要了解劳动教育中存在的问题，分析学生的实际情况与期望水平之间的差距，确定总的劳动教育目标，解决"为什么教"的问题；其次根据劳动教育总目标，撰写具体合适的课程目标，解决"教什么""达到什么要求"的问题；再次对学生特征进行分析，确定学生的初始能力，了解学生的一般特征，分析学生学习风格；最后阐明劳动教育目标，把劳动教育内容分解成很多具体的劳动教育目标，用一种非常明确、具体、可以观察和测定的行为术语，准确表达出来，从而形成一个目标体系。

3. 运用劳动教育资源

根据选择和运用劳动教育资源的原则，描述劳动教育过程中所需的劳动教育资源，按照学校统一安排和劳动教育资源单位协商结果做出最佳选择，阐述运用劳动教育资源的设想，解决"怎么教""教什么"的问题。

4. 编制劳动教育内容

编制劳动教育内容时，教师首先要在广泛搜集与课程主题相关的素材的基础上，根据课程目标、教师的经验或兴趣、学校意见等确定教学内容。然后，按照课程的实施顺序把课程的内容、方法、时间等有机组织起来，搭建劳动课程结构，编写劳动教育课程大纲。

5. 设计劳动教育过程

劳动教育课程实施方案按照实施时间的顺序可分为：劳动前、劳动中和劳动后三个基本步骤。按照实施步骤和任务，这三个基本步骤可划分为五个基本环节，即课程准备，设置问题；课程导入，提出问题；开展新课，解决问题（讲解说明、淬炼操作、项目实验）；课程总结，反思问题；课程评价，激励提升。

设计劳动教育过程，首先要细化劳动教育课程实施过程，从劳动教育准备阶段开始吸引学生的注意力与兴趣，一直到劳动教育结束，再到劳动教育结束后的迁移、应用指导、服务提升等都要尽可能做到引人入胜；其次要确定劳动教育顺序，设定劳动教育活动程序，避免实施过程的随意性，解决"怎么规范化教"的问题。

6. 选择劳动教育方法

劳动教育课程教学实施方法是劳动教育课程设计的重点环节，主要包括劳动教育教学方式、教学方法及其流程设计。选择恰当的劳动教育教学方式，运用符合学生学习特点的教学方法，让学生尽可能参与、融入劳动教育活动中来，解决"用什么方法教"的问题。

7. 开展劳动教育评价

为了检测学生的劳动教育学习效果，促进学生劳动教育学习，课程设计时要设计出针对性强、形式多样、生动活泼的评价活动。评价标准是劳动教育课程目标；评价对象包括教师"导"的行为和学生"学"的行为；评价类型可分为诊断性评价、形成性评价、总结性评价；评价方法包括自我评价、同学互评、教师评价、家长评价、实践基地评价法；评价目的是了解是否达到劳动教育目标，从而确定"效果如何"。

8. 撰写劳动教育教案

为避免劳动教育教学过程的随意性，保证劳动教育规范化、程序化实施，课程设计时要撰写劳动教育教案，并将教案或脚本内容制作 PPT 课件。撰写教案，包括劳动教育内容、劳动教育流程、劳动教育方法、评价活动等。制作的 PPT 或视频，有使用条件或者必须使用 PPT 的劳动教育课程可以使用，没条件或者不宜使用 PPT 的劳动教育场所可以不用或者不制作。

9. 完善课程设计方案

优质的劳动教育课程方案设计都要经历个人设计、集体讨论、现场完善三个过程，从而对方案进行重新审查和修改。要特别注意检验"设计劳动教育目标"和"设计劳动教育过程"这两个步骤，发现问题及时修改、补充、完善。

（二）把握劳动教育课程设计原则

新时代劳动教育课程设计的原则，是指对劳动教育课程所包含的事实、原理、情感、经验以及学习环境中非预期性的知识、态度、价值观等方面进行设计时所坚持的准则。新时代劳动教育课程设计应该遵循以下原则。

1. 思想引领原则

劳动教育是新时代中国共产党对教育的要求，是中国特色社会主义教育制度的重要内容，它具有鲜明的思想性。

第一，劳动教育课程设计必须将马克思主义劳动观贯彻始终，强调劳动是一切财富、价值的源泉，劳动者是国家的主人，一切劳动和劳动者都应该得到鼓励和尊重；倡导通过诚实劳动创造美好生活、实现人生梦想，反对一切不劳而获、崇尚暴富、贪图享乐的错误思想。

第二，劳动教育课程设计要强化劳动观念，弘扬劳动精神。将劳动观念和劳动精神教育贯穿人才培养全过程，贯穿家庭、学校、社会各方面。注重让学生在学习和掌握基本劳动知识技能的过程中，领悟劳动的意义与价值，形成勤俭、奋斗、创新、奉献的劳动精神。

总之，课程设计要坚持思想引领，既要让学生学习必要的劳动知识和技能，更要通过劳动帮助学生形成健全人格和良好的思想道德品质。

2. 实际体验原则

学生的劳动教育具有显著的实践性。劳动教育课程设计必须面向真实的生活世界和职业世界，引导学生以动手实践为主要方式，坚持实际体验。同时，要让学生直接参与劳动过程，增强劳动感受，体会劳动艰辛，分享劳动喜悦，掌握劳动技能，养成劳动习惯，提高动手能力和发现问题、解决问题的能力。

第一，实践性原则要求在进行课程设计时，确保课程设计的可操作性，再整体围绕学生感兴趣的具体问题或劳动教育主题展开内容设计，设计以任务目标为导向，要求学生亲自动手、动脑，完成劳动教育课程。

第二，实践性原则要求劳动教育课程设计要因地制宜，依托日常生活不同的环境，通过讲解说明、淬炼操作、项目实践、反思交流、榜样激励等关键环节，加强对劳动教育方式方法的具体指导；要求通过组织学生参加劳动实践，对学生进行热爱劳动、热爱劳动人民的教育，切实解决有劳动无教育的问题，使学生在劳动中获得成长，培养学生创新精神和实践能力。

3. 社会融入原则

劳动教育具有明显的社会性，课程设计也要突出社会性、时代性、开放性。我们在课程设计时，要坚持有机融入。要有效发挥学科教学、社会实践、校园文化、家庭教育、社会教育的劳动教育功能，让学生在日常学习生活中形成劳动光荣、劳动伟大的正确观念。

第一，课程设计必须加强学校教育与社会生活、生产实践的直接联系，发挥劳动在个人与社会之间的纽带作用，引导学生认识社会，增强社会责任感，同时注重让学生学会分工合作，体会社会主义社会平等、和谐的新型劳动关系。

第二，劳动教育要继承优良传统，彰显时代特征。在充分发挥传统劳动、传统工艺项目育人功能的同时，紧跟科技发展和产业变革，准确把握新时代劳动工具、劳动技术、劳动形态的新变化，创新劳动教育内容、途径、方式，增强劳动教育的时代性。

第三，设计多种形式的劳动教育活动。譬如，可以选用课题研究性学习、社会参与性学习、体验性学习和实践性学习等劳动教育方式，可以采用调查、访问、考察、实验、制作、劳动、服务等方式，让学生有多元表达的途径，促使学生投入到对劳动教育知识奥秘的探究中去。

4. 情境创设原则

劳动教育实践活动总是与一定的社会劳动文化背景，即"劳动情境"相联系，总是在实际的劳动实践情境下进行学习。因此，创设真实的劳动教育情境成为课程设计的首要任务。劳动教育不仅仅是为了掌握现成的劳动知识结论，更重要的目的是将学习的知识迁移到新情境之中，让学生理解问题的复杂性，创造性地解决问题。要遵循这一原则，必须注意以下几个问题。

第一，指导教师要善于发现一些对学生来说是真实的同时又与劳动实践活动相关的问题。

第二，指导师要切实激发学生的劳动参与动机，引导学生挑战各种复杂的问题情境。

第三，让学生进行角色扮演，模拟在真实问题情境下的各种角色行为，以便将来在真正的问题情境中能得心应手的应对。

5. 学生为本原则

劳动教育课程设计要以学生为本，充分发挥学生的主体作用，激发学生的创新创造精神。

第一，关注学生劳动过程中的体验和感悟，引导学生感受劳动的艰辛和收获的快乐，增强获得感、成就感、荣誉感。

第二，鼓励学生在学习和借鉴他人丰富经验、技艺的基础上，尝试新方法、探索新技术，打破僵化思维方式，推陈出新。

第三，劳动教育课程设计要强调学生身心参与，注重手脑并用。把握劳动教育的根本特征,让学生面对真实的个人生活、生产和社会性服务任务情境,亲历实际的劳动过程,并善于观察思考,注重运用所学知识解决实际问题,提高劳动质量和效率。

第四,坚持适当适度。要根据学生年龄特征、性别差异、身体状况等特点,选择合适的劳动项目和内容,安排适度的劳动时间和强度,做好劳动保护,确保学生人身安全。

6. 整体统筹原则

劳动教育课程设计是一项系统工程,它是由劳动教育目标和劳动教育对象的分析、劳动教育内容和方法的选择,以及劳动教育评价等子系统所组成的。各子系统既相对独立,又相互依存、相互制约,组成一个有机的整体。在劳动教育过程中,同时劳动教育目标要通过劳动教育内容、劳动教育资源、劳动教育方法来实现,劳动教育内容、劳动教育资源、劳动教育方法受劳动教育目标的支配,即劳动教育目标、劳动教育内容、劳动教育资源、劳动教育方法要达到相互匹配,和谐一致。

课程设计遵循整体统筹原则,对实现课程设计的科学性、艺术性、整体性和可行性具有重要意义。要遵循这一原则,必须注意以下几个问题。

第一,劳动教育目标对劳动教育内容、资源、方法起着控制作用,劳动教育目标是劳动教育活动的方向。

第二,劳动教育内容的确立、资源的选用与方法的制订,是为达到劳动教育目标而服务的。脱离这些劳动教育要素,劳动教育目标就无法达成,而离开劳动教育目标去追求劳动教育内容的"精"、劳动教育资源的"新"、劳动教育方法的"活",这不仅无益于提高劳动教育质量,而且浪费时间。

第三,劳动教育过程是选用资源、采用方法、完成劳动教育任务、实现劳动教育目标的进程。只有劳动教育目标导向正确,劳动教育内容精要,所选资源有利于信息传递,劳动教育方法合乎学生的认知规律,才能使劳动教育过程得以有效推进。

四、我国高校劳动教育课程开展总体思路

2020 年 3 月,《中共中央国务院关于全面加强新时代大中小学劳动教育的意见》(以下简称《意见》)指出,高校应整体优化学校课程,将劳动教育纳入人才培养方案,形成具有综合性、实践性、开放性、针对性的劳动教育课程体系。

(一)重塑新时代劳动教育课程实施目标

《意见》对新时代劳动教育的总体目标提出了明确要求,旨在通过劳动教育帮助学生树立劳动光荣的观念,养成良好的劳动习惯,并在具备满足生存与发展需要的基本劳动能力基础上,形成勤俭、奋斗、创新、奉献的劳动精神。

高等教育与基础教育不同,基础教育强调特定知识领域最普遍的教育,具有基础性和普及性;高等教育则强调建立在深厚专业知识基础上的专业性与学术性,着重专业素养发展教育。新时代高校劳动教育应关注课程目标的深度解读,着力大学生劳动素养的提升,而不是仅仅停留在课程活动的表面,脱离社会发展与学生成长的现实需要。

为实现高校劳动教育课程目标的纠偏,一要秉持课程育人理念。新时代高校劳动教育课程实施的关键在于唤醒学生主动参与劳动教育课程意识,帮助其树立正确的新时代劳动价值观,掌握一定的劳动知识与技能,并在劳动教育过程中做到甘于奉献、克己奉公、心怀天下、服务社会。二要促进高校劳动教育与时俱进。由于现代社会脑力劳动的比重不断增加,新劳动形态不断形成,新时代高校劳动教育课程目标也应不断改革,结合新时代建设创新型国家的发展战略需要,以及培养全面发展时代新人的内在需求,及时转变课程实施理念,并在课程实施中注入创新精神,以劳动教育为导向推进创新创业教育模式改革,使青年大学生在劳动实践中了解和掌握社会生产与生活技能,提高发现问题与解决问题能力,在创造和应用新知识、新技术、新工艺、新方法中获取创新灵感。

（二）重建新时代劳动教育课程内容框架

《意见》明确要求以生活劳动、生产劳动和服务性劳动为主要内容开展各级各类劳动教育，同时注重选择新型服务性劳动内容，以养成学生正确的劳动价值观与社会实践创新能力。新时代高校劳动教育课程应反映新时代全面发展的高素质人才培养需求，同时注重当代大学生对日常社会生产与社会生活的深度理解，进而在劳动教育课程实践中实现课程内容的动态架构。

1. 要加强劳动观念教育

作为新时代中国特色社会主义教育的组成部分，高校劳动教育实施应关注教育"立德树人"目标的实现，并体现与"课程思政"建设的内在契合性。高校劳动教育课程实施要以正确的课程目标为导向，加强大学生劳动思想教育，着力弘扬新时代劳模精神，以先进思想引领课程行动。同时，高校劳动教育课程专职教师及专业课教师要深谙马克思主义劳动教育观的深刻内涵，并将其作为指导劳动教育课程实践指南，也为当代大学生树立正确的劳动价值观提供精神引导。

2. 要推进劳动技能培育

高校劳动教育课程实施不能仅仅局限于课堂和书本，还应充分发挥实训课的综合育人价值，更好地优化课程内容设置，着重理论学习与技能培育、专业教育与劳动教育相结合。在推进劳动技能培育过程中，应着眼大学生课程学习的"最近发展区"，设计并搭建合理有效的劳动教育课程实施条件，如利用图书馆、实验室、食堂、超市、校研究中心、学生会、社团等校内劳动实践基地，全面开展相关劳动教育主题活动，在常态化劳动教育氛围中培养大学生劳动技能与劳动情感。同时，高校可以结合专业课程实践教学需要，定期聘请一线专业技术人员来校开展劳动技能指导，有效促进专业教育与劳动教育的深度融合，为学生今后更好地参与社会实践打下坚实基础。除此之外，有条件的高校还要遵循因地制宜原则，依托区域自然、经济、文化条件，充分挖掘课程资源，宜工则工、宜农则农，开发特色化劳动教育校本课程，推进大学生劳动技能培训课程化。

3. 要实现课程内容的动态架构

高校要鼓励学生参加校内外公益劳动，学会与他人合作劳动，真正体会劳动光荣。为此，高校要注重结合学科教学和专业实践开展专门性社会服务、公益性义务劳动等相关活动，不仅仅使受教育者通过劳动教育体悟社会生活，更要关注受教育者在劳动过程心理健康与健全人格的发展完善。

当前，高校劳动教育课程实施必须改变文化知识教育与思想道德教育、社会实践教育割裂的局面，全面复归教育实践的育人价值，以促进新时代大学生劳动素养发展为导向，构建理论与实际相结合、教育与生产劳动相结合的课程育人机制，以社会参与、社会服务、实践创新为重点，在社会实践、实习实训、专业服务、志愿支教中践行新时代劳动教育新理念。

（三）重构新时代劳动教育课程评价机制

课程评价机制是高校劳动教育课程顺利实施的关键一环。新时代高校劳动教育课程评价要对课程实施进行全过程监控，以更好地发挥以评促改、以评促学、以评促教等课程评价功能。为此，我们需要以当前劳动课程评价问题为导向，重构新时代高校劳动教育课程评价新机制。

1. 要组建多元化课程评价主体

传统高校课程评价在一定程度上有利于保证评价结果的信度和效度，但就劳动教育类课程评价来说，大学生学会自我评价，进行自我反思尤为重要。自我评价有利于唤醒大学生课程学习的主体意识，提高自我认识，加强其自我管控，激发自主性和创造性，促进自主学习能力提升和批判性思维能力发展。同时，多数高校大学生前往实践基地参加劳动教育锻炼已成为常态，还需要充分发挥校外实践导师的评价主体作用，以调动校外导师参与高校劳动教育课程实施的主动性和创造性。现如今，随着信息技术与劳动教育课程实施的整合，全社会参与的"互联网＋课程评价"的优势日益彰显。高校要将学生在劳动教育课程实施中的综合表现录入信息系统，经由大数据、云计算等技术分析，直观呈现学生"双创"能力、劳动意识、劳动素养等方面发展动态，以便于高效快捷地实施全社会参与的网络评价，及时为高校和教师深耕课程、充实内容、变革教法提供依据。

2. 要建构科学化课程评价指标

具体来说，构建科学化课程评价指标可以从知、情、意、行等方面进行综合考量，不仅要重视大学生是否习得丰富的劳动知识和扎实的劳动技能，也要强调其是否形成深厚的劳动情感和优良的劳动品质，如具体评价方式有个人作业、小组作业、课前演讲、课堂表现、课堂观察、课程论文、实践活动、师生交流、个别交流、态度调查、成长记录、辩论演讲等。科学化评价指标的建立，要立足大学生综合素养发展，真实客观评价大学生在各种劳动活动中的综合表现，并在全面了解学生发展需求基础上，强化对其劳动观念、劳动技能以及劳动情感等多维考核，实现评价指标的可测量、可监控。

3. 要实施综合化课程评价方式

《意见》强调把劳动素养评价结果作为衡量学生全面发展情况的重要内容，新时代高校劳动教育课程的特殊性决定了课程评价不能简单地实施结果性评价这种单一形式，需要构建考核测验、小组分享与汇报、调研报告撰写、比赛活动参与等过程性评价与结果性评价相结合的综合化评价方式，并将劳动素养纳入大学生综合素质评价体系，如教师可以将劳动教育课程的平时实践作业作为过程性评价的重要依据，结合大学生参与专业技能竞赛、"双创"比赛及顶岗实习、山区支教等活动进行综合性评价，同时辅以结果性评价，根据学生期中、期末考核成绩和平时理论作业的完成情况，评判学生对劳动教育认知水平的高低。过程性评价与结果性评价相结合的综合化评价方式，将有利于全面检验新时代大学生社会参与及实践创新等核心素养发展状况，有利于高校不断创新劳动教育课程实施目标、内容与考评体系，以助推新时代德、智、体、美、劳全面发展的实践创新人才。

第三章 新时代大学生劳动教育的基本内容

劳动教育历史悠久，是培养新时代优秀人才的重要手段和途径，在中国特色社会主义国民教育体系中有非常重要的地位和作用。本章内容为新时代大学生劳动教育的基本内容，依次介绍了新时代大学生劳动教育的基本内涵、树立正确的劳动观、校园生活劳动、社会劳动、志愿服务、创造性劳动六方面的内容。

第一节 新时代大学生劳动教育的基本内涵

劳动教育在教育实践中发挥着独一无二的价值：一方面，它直接培养青少年的劳动观念、劳动精神、劳动习惯和劳动技能，其他教育活动不可代替；另一方面，劳动教育是"五育"融合的最佳平台，在劳动中树德、增智、健体、育美，有效地促进素质教育发展。高等教育是国家教育工作的重要内容，肩负着培养社会主义建设者和接班人的重大使命。劳动教育自身独特的育人价值与形式，应在高等教育人才培养体系中发挥更加重要的作用，既为国家建设培养具有社会责任感、创新精神和实践能力的高级专门人才，又为学生个人的人生奠定全面发展、实干奋斗和追求幸福的身心基础。

一、对劳动教育的认识

通过对以前劳动教育的相关定义分析可以发现，劳动教育的认知大概有三类。

（一）将劳动教育视为德育的内容

《辞海》中关于劳动教育的定义是：劳动教育是德育的重要组成部分之一，能够通过开展教育帮助学生培养热爱劳动人民、热爱劳动活动的意识，能帮助学生树立正确的劳动态度和正向的劳动观点，能够引导学生珍惜劳动成果，是通过日常生活对学生的劳动技能和习惯进行培养的教育活动。《中国大百科全书》中关于劳动教育的定义是：劳动教育是促进学生树立正确劳动态度和劳动观点，培养学生养成劳动习惯，引导学生热爱劳动人民和劳动的教育活动，也是构成德育的重要内容和部分。这两个定义都强调了劳动教育作为德育教育的重要组成部分，其具有较强的德育属性，都侧重于引导学生培养对劳动人民和劳动活动的正确情感和意识，注重培养学生的态度和观点，将劳动技能和习惯的培养作为重要任务。

（二）将劳动教育视为智育的内容

《教师百科辞典》中关于劳动教育的定义是：劳动教育是向被教育者传递现代生产的技能和基本知识，培养被教育者树立正确的劳动观点，形成良好的劳动习惯，增强对劳动成果和劳动人民的热爱，劳动教育非常强调在劳动活动开展过程中引入和突出智力因素，将创造性劳动与平凡的劳动紧密结合起来，将充满知识的劳动和简单的劳动紧密结合起来。成有信在其著作《教育学原理》中对劳动教育进行了直接清晰的定义：劳动教育是培养学生具备现代工农业生产所需要的基本技能和知识。这两个定义在一定程度上都强调和突出劳动教育所具有的智育属性，认为其价值和意义在于传播现代生产过程中所需要的基本技能和知识，着力于提高社会劳动生产的智力水平。

（三）将劳动教育视为德育和智育的综合体

技术教育是指通过引导帮助学生掌握劳动技能和生产知识、技术，通过有效实施能够帮助学生培养正确的劳动观点，养成良好的劳动习惯，掌握科学的劳动技能，从而为职业教育和普通教育奠定良好基础。

由此可以发现，劳动教育在一定程度上更加侧重于突出其德育属性，而技术教育则更加注重突出其智育属性，两者相互结合，共同引导学生树立正确的劳动观点，提高学生的劳动技能，培养学生的劳动习惯。北京师范大学黄济教授认为，劳动教育涉及内容相对较为丰富、范围相对较为广泛、且不太好进行确定，"但从其基本任务而言，不外乎两大方面：一是劳动技能的培养；二是思想品德的教育。在学校的劳动教育中，常常是二者兼而有之。"[①]原中国教育科学研究院党委书记徐长发认为，劳动教育能够帮助青少年学生培养正确的价值观念，培养良好的劳动习惯，树立正确积极的劳动情感，塑造劳动精神，学习并掌握生活和劳动方面的技能和知识，在劳动创造过程中追求更具有幸福感的育人活动，包括对技术知识、技能等的教育和引导，也包括思想观念的树立。这些定义都强调劳动教育是兼具智育和德育两方面属性的教育活动。

分析前人对于劳动教育所下的定义可以了解到，劳动教育既是内容又是形式。作为内容，劳动教育是围绕劳动所开展的教育活动，是与德智体美相并列的含义和概念，是拥有其特有属性的教育活动和任务，但由于劳动教育所涵盖的内容在一定程度上被认为是包裹在智育和德育范围之内的，因此并没有获得和德智体美相提并论的机会和应有的地位；作为形式，劳动教育是指通过开展教育活动帮助学生获得生产劳作的实践机会和锻炼机会，让学生全方位提高德智体美的综合素养。劳动教育作为教育形式存在时，是完成和实现德智体美教育的有效载体，因此也无法获得和德智体美相对等的地位。

由此可以发现，劳动教育之所以在教育教学活动中出现被弱化的情况，正是由于其自身的性质以及其在国民教育体系中所占有的地位不够明确。因此，想要有效实践和落实"构建德、智、体、美、劳全面培养的教育体系"的要求，必须要落脚于解决劳动教育在教育体系中的性质和地位这一

① 黄济. 关于劳动教育的认识和建议 [J]. 江苏教育学院学报（社会科学版），2004（5）：17-22.

重点问题。

2020 年 3 月，中共中央、国务院发布的《关于全面加强新时代大中小学劳动教育的意见》中指出：劳动教育是国民教育体系的重要内容，是学生成长的必要途径，具有树德、增智、强体、育美的综合育人价值。实施劳动教育重点是在系统的文化知识学习之外，有目的、有计划地组织学生参加日常生活劳动、生产劳动和服务性劳动，让学生动手实践、出力流汗，接受锻炼、磨炼意志，培养学生正确劳动价值观和良好劳动品质。

二、劳动教育的本质分析

（一）社会责任教育

通过引导学生参加劳动活动，辅以各方面的教育影响，学生可以体会到劳动在改变世界、改造社会、改造人类自身当中的巨大作用。同时，学生可以正确地使用自己的劳动能力，正当地享受自己的劳动果实，积极地发挥自己的劳动影响，以自己独特的劳动创造不断为人类贡献新价值，为社会提供新意义的责任意识，给终身学习发展和终身劳动创造提供不竭动力。

（二）人生态度教育

通过劳动，配合全面培养的各方面养成，学生对自身的劳动能力和劳动价值建立起积极的、建设性的态度，从而对个人、家庭、社会、国家、人类美好未来充满信心和向往。这种积极的人生态度，使人们的日常生活充满阳光，也能够成倍地提升学习、生活、工作、创作活动的质量和效果。

（三）行动意志教育

劳动教育不是一两次能够解决的，也不是一两天能够奏效的，而是必须水滴石穿、经年累月进行。在这一过程中，学生能够有效塑造和养成坚强的行动意志，感受成功的魅力、行动的快乐，坚定自觉行动和积极实践的决心，培养善始善终、善作善成的毅力。这种良好的心理和精神品质，配合体育、智育、德育、美育等教育影响，能够为学生幸福人生奠定坚实基础，提供持久动能。

（四）生活实践教育

通过劳动教育，将个人生活这条小溪接入社会生活实践的汪洋大海，这是一切教育产生价值、获得意义的源头活水，也是教育找到目的、有的放矢的根本途径。脱离社会生活实践，是中国教育的一项顽疾。"两耳不闻窗外事，一心只读圣贤书"，这是封建社会科举制度控制知识分子和统治劳苦大众的一种手段，也造成了当代中国教育久治不愈的应试教育病。应试教育，本质上是脱离社会生活实践、畸形发育的单纯知识教育和狭隘学校智育，包括劳动教育在内的全面培养的教育体系，正是它的对症之药。

三、新时代的大学生劳动教育内涵

劳动教育是帮助大学生树立正确人生观、世界观、价值观的重要手段。新时代高等教育背景下，通过开展劳动教育能够帮助学生树立良好的道德素养，也可以帮助学生增强智力水平，同时既能帮助学生强身健体，又可以帮助学生培养对美的认知，是塑造学生、提高学生的有效途径和方法，也是促进学生健康成长和发展的有效手段。

（一）大学生劳动教育的本质是马克思主义劳动价值观教育

社会主义高校所兼具的责任和使命是全面贯彻党的教育方针，落实立德树人根本任务，培养德、智、体、美、劳全面发展的社会主义建设者和接班人，内在要求这"五育"都要在马克思主义的指导下积极推进，要培养马克思主义优秀青年。劳动教育所囊括的内容非常丰富，但最根本和最终的价值目标都是为了培养学生树立正确的劳动价值观念，要让学生热爱、尊重劳动，能对劳动者报以崇敬的态度和心理。因此，劳动教育的本质也是马克思主义劳动价值观教育。

1. 马克思劳动观与马克思劳动教育思想

马克思没有明确提出过"劳动教育"这一概念，但他在《共产党宣言》《资本论》等著作中，都提出了"生产劳动与教育相结合"的思想，为社会主义国家劳动教育的理论和实践提供了科学指南[①]。

马克思劳动观是马克思劳动教育思想的重要基础和前提，其中，在政治学领域，认为是劳动创造了人和人类社会，也是劳动推动了历史发展和人类社会的进步；在经济学领域，认为是劳动创造了人类社会进步和发展所需要的精神财富和物质财富，也是劳动创造了价值，按劳分配是最公平正义的分配方式；在美学领域，认为劳动最光荣、最崇高、最美丽，也是劳动造就了幸福美好的生活；在伦理学领域，认为社会对于劳动的尊重、热爱和推崇是文明的体现，做到辛勤劳动和付出是道德体现，认为无私奉献、爱岗敬业是优良品质；在教育学领域，认为教育和劳动的紧密结合是教育教学的有效手段，也是推动现代化社会发展变化的重要方法，脑力劳动和体力劳动教育要相互协调、相互配合，劳动教育要包含闲暇教育。

2. 大学生劳动教育重在培养劳动价值观

劳动价值观念是由社会存在所决定的社会意识，在不同历史发展阶段和不同社会形态下存在着本质上的区别。封建时期，劳动者们地位低下，处于被奴役的状态，通过劳动所收获的成果也大多被统治者们所占有。虽然"民贵君轻"等思想在现代化社会具有非常强的指导意义和智慧的光芒，但也无法掩盖封建时期底层劳动者们所经受的残忍对待和悲苦的生活。西方资本主义制度和封建时期又有一定的差别，在资本主义制度下，劳动的存在形式和本质是异化劳动，是在资本的影响和压迫下被迫从事的劳动。工人们虽然通过自己的劳动赚取着财富，但却并没有获取财富，反而让财

---

① 崔延强，陈孝生. 马克思劳动教育思想及其当代价值 [J]. 苏州大学学报（教育科学版），2022：10（1）：67-74.

富聚集到资本家手中，劳动者们则过着非常贫穷的生活。"这样的生活让人沦为牲口"①，所以马克思、恩格斯以现实人的劳动为逻辑起点，创建了唯物史观和剩余价值学说，指出人类只有扬弃异化状态和私有财产，才能真正实现人的全面、自由发展。

马克思主义劳动观是人类社会有史以来最科学、最"人本"的劳动观。随着马克思主义的诞生，无产阶级在斗争过程中有了明确科学的理论指导，劳动人民也真正站起来了，实现了幸福自由劳动。高校肩负着培养社会主义建设者和接班人的重担，应当要加强对马克思主义劳动价值观念的学习和贯彻，要帮助学生树立正确科学的价值观念，也只有在马克思主义劳动价值观的引导下学生才能更好地了解劳动的实质和内涵，才能对劳动的意义有充分的认知，才能尊重劳动、热爱劳动、崇尚劳动。

（二）新时代大学生劳动教育的内涵

新时代大学生劳动教育是一种教育模式、教育理念，也是一种教育活动，具有非常鲜明的特征，包括内容发展性、内涵丰富性、价值迁移性、路径结合性等。

1. 一种教育理念

苏霍姆林斯基认为："离开劳动，不可能有真正的教育。只有当一个人认识到在劳动中有一种比获得满足物质需要更重要的东西，即精神创造及自身才能和天资的发挥，只有在那时候，劳动才能成为快乐的源泉。"②

劳动教育首要是作为一种教育理念，是和通识教育、专业教育并驾齐驱的理念。其核心和实质是通过劳动来促进学生全面发展，充分结合劳动教育所具有的显著特色和优点，优化和完善人才培养理念，帮助学生树立正向积极的劳动价值观，引导学生全面、客观、正确地看待劳动，能对劳

---

① 马克思，恩格斯. 马克思恩格斯文集：第 2 卷［M］. 中共中央马克思恩格斯列宁斯大林著作编译局，译. 北京：人民出版社，2016.

② ［苏］瓦·阿·苏霍姆林斯基. 少年的教育和自我教育［M］. 姜励群，吴福生，译. 北京：北京出版社，1984.

动精神有更深刻的认知和体会，从而形成主流劳动价值观，使学生成为兼具个性和全面的独立主体。

2. 一种教育模式

劳动教育是国民教育体系的重要组成部分，也是引导学生成长和发展的有效途径。劳动教育的本质是一种教育模式，其以劳动作为教育核心，以实践和理论紧密结合的教育模式。劳动教育通过对学生的教育和引导，让学生在参与劳动教育的过程中，获得与常规教育不一样的体验，积累不一样的知识，在实践过程中更好感受劳动所具有的魅力，更全面客观的了解劳动，培养劳动习惯，树立正确的劳动精神。随着时代的不断变迁和发展，这种教育模式将会成为人才培养中非常重要的支柱力量，并持续发挥着强大的影响力。

3. 一种教育活动

劳动是实践过程也是认知过程。在实践层面对劳动教育进行分析，其本质是一种教育活动，能够更好引导学生积极投身到实践教育的有效活动形式，也是能够有效提高学生的生存技能和发展技能的有效活动形式。这种具备较强实践属性的活动，更加强调引导和帮助学生提高劳动技能，吸引学生更好投身到劳动实践中，在实践中加强对世界和社会的了解和认知，也能有效推动自我与外界的对话和交流。因此，教育活动也是大学生劳动教育最浅层次和最外显的内涵。通过教育活动，让学生在真实的劳动场景中加强对自我的总结、反思和认知，也能在更真实的环境中加强对社会、国家、世界的了解。

第二节　树立正确的劳动观

一、劳动观的概念

人们在劳动的具体过程中对劳动所形成的认知和看法就是劳动观，劳动观在一定程度上能够反映出劳动者们对于劳动所持有的态度，也在一定程度上决定了劳动者们在具体劳动过程中可能发生的行为。劳动观作为意识形态领域的内容，与人生观、世界观一脉相承，它生动地反映着人生观、世界观。随着经济的发展和科技的进步，劳动被赋予新的内涵。只有树立正确的劳动观，才能更好的理解并尊重劳动人民，也才能对自己所获得的劳动成果更加珍惜，并且时刻保持激情热忱的劳动态度投入到社会劳动生产中，不断提高劳动生产率，也为社会发展作出贡献，创造出更加丰富多元的社会物质财富。一个人只有具备正确积极的劳动观念，才能更好地培养和树立劳动意识，用自己的智慧和双手开辟人生道路，实现自己的理想。

二、马克思主义的劳动观

（一）劳动本质论

人的本质是什么，一直是哲学界思考和探讨的重要命题。马克思主义认为劳动是人的本质，人的本质是一切社会关系的总和。

1. 劳动创造了人本身

恩格斯在《劳动在从猿到人转变过程中的作用》一书中，分析了人类从猿猴进化为人的过程中劳动所起到的重要作用，对劳动工具的使用和创造是区分人与猿猴的重要内容，劳动使人类直立行走。

2. 劳动创造了人类生活

马克思、恩格斯在《德意志意识形态》中明确地指出："全部人类历史的第一个前提无疑是有生命的个人的存在。"而"有生命的个人"之所以能够存在，最主要的原因是他们能通过自己的劳动来创造和生产物质生活材料。因此，"第一个需要确认的事实就是这些个人的肉体组织以及由此产生的个人对其他自然的关系。"劳动的过程就是人通过自身的劳动作用于自然的过程，是人的本质力量与自然之间的一种物质交换过程。

3. 劳动是一切价值的创造者

马克思认为"劳动是一切价值的创造者，只有劳动才赋予已发现的自然产物以一种经济学意义上的价值"①。恩格斯在《自然辩证法》中也同样有着明确的表述，"其实，劳动和自然界在一起它才是一切财富的源泉，自然界为劳动提供材料，劳动把材料变为财富，但是劳动的作用还远不止于此。它是一切人类生活的第一个基本条件，而且达到了这样的程度，以致我们在某种意义上不得不说：劳动创造了人本身。"劳动是人类创造物质财富和精神财富的活动。

4. 劳动创造了社会关系

劳动创造了人与人（劳动协作与分工、消费和分配关系等）、人与自然之间的关系以及主观意识与人之间的关系，这些关系也是人类社会中存在的基本关系。社会是人类劳动的产物，也是开展劳动活动的具体展开形式，也会随着劳动活动的推动和发展而发展。

（二）劳动价值论

劳动价值论是马克思关于劳动创造商品价值及商品生产、交换遵循价值规律的理论，它详细阐述了商品经济的本质和运行规律。

（1）生产商品所包含的劳动形式有两类，分别是抽象劳动和具体劳动，前者是创造商品价值，后者则是创造使用价值。这两者分别是生产商品劳动的两种形态，是不同层面，而非生产这一商品所需花费的两次劳动。

（2）抽象劳动内在的属性是生产商品过程中人类脑力或体力的支出（人类的一般劳动），其外在的属性则是生产商品创造价值的劳动，抽象劳动创造的价值则是商品经济社会特有的经济特征。在一切社会状态下，劳动产品都是使用物品，但只是历史上一定的发展时代，也就是生产一个使用物品耗费的劳动表现为该物的"对象的"属性，即它的价值的时候，才使劳动产品转化为商品。

（3）抽象劳动内化为商品的价值，外化为商品的交换价值。正如马克

---

① 马克思，恩格斯. 马克思恩格斯选集：第 3 卷［M］. 中共中央马克思恩格斯列宁斯大林著作编译局，译. 北京：人民出版社，1995.

思所述："我们实际上也是从商品的交换价值或交换关系出发，才探索到隐藏在其中的商品价值。"①这种体现着商品生产者之间平等交换劳动的社会关系正是以抽象劳动为内核。

（三）劳动解放论

劳动解放论是从劳动本质论和劳动价值论中得出的对科学社会主义的深刻表述，认为劳动的发展过程推动了人类历史当中在自然和社会两方面的不断解放。首先，劳动解放是人类智力提高的过程，是劳动工具的改进与经济形态的创新，而不是一种简单的政治行为。其次，劳动者解放程度是衡量社会文明的尺度和标准，对于劳动与劳动解放程度的促进或者倒退、保护或者破坏等，直接反映出社会的政治体系与制度模式的优劣。

三、树立正确劳动观的重要意义

（一）有助于培养热爱劳动的美德

脑力劳动者能够积极投入到体力劳动，是有利于身心健康的。向社会提供劳动，获得自己生活的权利，是光荣的生存方式。树立正确的劳动观，坚持劳动正义感，在社会上广泛传播正能量，有助于促进我国社会的和谐发展。

（二）通向成功、实现理想的必由之路

青春是用来奋斗的，劳动最光荣。劳动是获得财富的重要途径，也是收获幸福的有效方式。每个人对未来美好的期待，只能通过脚踏实地的付出，才能让梦想在现实的土壤中开出花朵，也才能让心中的期待真正成为现实。

（三）有助于形成积极向上的就业创业观

很多人在毕业后，在面临就业的过程中，很容易会出现普遍会出现的

---

① 马克思，恩格斯. 马克思恩格斯文集：第 5 卷［M］. 中共中央马克思恩格斯列宁斯大林著作编译局，译. 北京：人民出版社，2007.

问题，即择业观过于眼高手低，对于一些不够"光鲜亮丽"的工作非常排斥，不能结合自己的实际出发，形成正确的创业观和就业观，这在一定程度上会影响个人职业生涯的发展，也影响个人的成长。只有通过树立正确的劳动观念，才能更好使学生树立优良品德，实现良好就业。在劳动观念的影响下，还能帮助学生正确认知社会劳动分工的本质，不再对劳动活动的认识存在区别性，而是能够平等看待每一份工作，引导学生积极投身到基层就业活动中，通过实践和磨炼，为后续的发展打下坚实基础。正确的劳动观也能帮助学生形成创新意识和精神，培养吃苦耐劳的品质，促进学生自主创业。

（四）可以使生活丰富而充实

"劳动是世界上一切欢乐和一切美好事情的源泉。"这是高尔基对劳动的诠释，也是劳动的实质。劳动是一个人在成长和发展过程中所具有的重要财富和资源。人生的魅力也是通过坚持不懈的劳动和创造进行书写的。劳动能使我们消除不必要的忧虑，使生活内容丰富而充实。劳动成果，可使我们认识到自己生存的价值，因而对生活充满信心。

（五）有助于促进自身全面发展

树立正确的劳动价值观念，能够帮助学生正确认知劳动，在参与劳动过程中强健体魄，磨砺学生的意志品质，提升学生的人格魅力，帮助学生真正实现以劳增智、以劳树德，促进学生德、智、体、美、劳全面发展。

四、树立正确劳动观的方法

（一）要善待自己劳动的岗位

劳动的一个重要特性就是平等性，意思是劳动虽然有分工、专业、条件和环境等诸多方面的差别，但就劳动本身而言，是没有高、低、贵、贱之别的。因此，不管是从事体力劳动，还是从事脑力劳动，不管是从事简单工作，还是从事复杂工作，也不管是从事重要工作，还是从事一般性工作，性质都是一样的，地位都是平等的。只有理解了这一点，才能客观地看待自己工作的岗位，愉快地服从组织分配的任何工作，在本职岗位上建功立业，用辛勤劳动实现"我的梦"，进而助推中国梦的早日实现。

（二）充分认清劳动与财富之间的关系

劳动不但创造着有形的物质财富，也在创造着无形的精神财富，劳动不但在丰富物质生活，同时也在塑造着劳动者的精神世界。正确的劳动观，是既重视物质财富的产出，又重视精神财富的产出，既重视物质上的回报，又重视精神上的满足。树立正确的劳动观，就应该把国家利益和人民利益放在首位，要用自己的实际行动捍卫集体利益，要具备并突出自身的奉献意识，用劳动的汗水致敬国家，彰显对国家的热爱和忠诚。

（三）坚信劳动价值，养成热爱劳动的良好习惯

青年作为我国社会主义事业建设的栋梁和希望，要切实践行劳动观，不断充实自我。作为新一代青年大学生，只有不忘初心、牢记使命，对工作保持一如既往的干劲儿，才能永葆奋斗品质，为祖国建设添砖加瓦，为实现中华民族的伟大复兴和现代化强国贡献力量。

第三节　校园生活劳动

一、日常生活劳动实践

落实劳动教育，需要重建"打扫卫生"的劳动课程。校园是我们生活、学习、休息的重要场所，干净整洁的校园环境体现了师生的精神面貌与个人素质，直接关系到广大师生的身心健康。引导学生整理教室、宿舍、餐厅等学生日常学习和生活的环境，能够帮助学生保持规范良好的作息，养

成良好的习惯，有利于学校将创建文明与养成教育、学风建设相结合，为大学生营造舒适、整洁的学习环境和生活环境。

（一）宿舍卫生

随着物质生活水平的不断提高，高校的住宿环境有了较大的改进和完善，宿舍配置相对较高，学生在宿舍中所花费的时间也相对较长，宿舍已经成为学生休息学习的重要场所，以宿舍作为重要基地开展劳动教育也具备一定的优势。但当前部分高校在宿舍管理方面依旧相对较为传统和落后，往往是保持着"看管式"的模式，对于学生劳动素养培养和塑造的价值和功效不强。劳动教育的有效开展必须要充分纳入宿舍这一有效阵地，要充分提高劳动教育对学生的影响力，调动学生的参与热情，营造良好的宿舍环境。

1. 宿舍卫生自查活动

（1）检查形式

① 院级检查：由学校与二级学院联合开展，采用固定时间与随机抽查相结合的形式。

② 班级自查：由院级学生组织，联合二级学院学生组织各班级开展。

（2）宿舍卫生检查体系

检查得分 90 分以上的是较好的宿舍，80～90 分的是一般宿舍，80 分以下的是有待提高的宿舍（见表 3-1-1）。

表 3-1-1　宿舍卫生评分表

考核指标	考核项	基础分	考核细则
宿舍门前区域	宿舍门前杂物情况	5	根据宿舍门前杂物摆放情况扣分，扣 1 分/档，基础分扣完为止
卫生间	清洁情况	5	根据卫生间卫生清洗状况扣分，扣 1 分/档，基础分扣完为止
	垃圾处理情况	5	根据卫生间垃圾处理情况扣分，扣 1 分/档，基础分扣完为止

续表

考核指标	考核项	基础分	考核细则
卫生间	生活用品摆放情况	5	根据卫生间生活用品摆放杂乱程度扣分，扣1分/档，基础分扣完为止
	通风情况	5	根据卫生间异味程度扣分，扣1分/档，基础分扣完为止
公共区域	门窗、墙面	5	根据门窗、墙面整洁程度计分，有蜘蛛网或者乱挂杂物的，根据实际情况扣分，扣1分/档，基础分扣完为止
	固定家具	10	根据固定家具（床、电视柜、床头柜、饮水机柜等）移动情况扣分，每有一处移动扣2分，扣分不设上限。发现2张以上床铺合并的直接扣20分
	个人物品	30	根据个人物品摆放杂乱程度扣分，基础分扣完为止。个人物品摆放包括鞋子摆放、书桌上物品摆放、床头柜上物品摆放、床铺上物品摆放以及其他私人物品摆放。鞋子摆放不整齐的，扣1分/双；书桌上摆放不整齐的，扣2分/张；床头柜物品摆放不整齐的，扣2分/个；床面摆放不整齐的，扣2分/个；其他个人物品根据实际情况扣分
	垃圾处理情况	10	根据垃圾清理情况计分，垃圾袋装满但未清理扣分，扣2分/袋，若有超过4袋装满的垃圾未处理直接扣20分
	通风情况	5	根据公共区域异味程度扣分，扣1分/档，基础分扣完为止。若宿舍内异味特别严重的，直接扣20分
	吸烟情况	10	根据宿舍内吸烟情况计分，发现烟头、烟灰缸或者有烟味等扣10分
阳台	阳台整洁情况	5	根据阳台杂乱程度扣分，扣1分/档，基础分扣完为止
宿舍安全	养宠物		宿舍内发现养宠物的归入不合格宿舍
	私拉乱接		宿舍内发现私拉乱接的归入不合格宿舍
	管制刀具		宿舍内发现管制刀具的归入不合格宿舍
	违章电器		宿舍内发现违章电器的归入不合格宿舍
附加分			宿舍整洁程度很高，未发现安全问题且在宿舍文化方面具有一定特色的可以根据实际情况加1～20分

（3）宿舍卫生检查表

宿舍卫生检查表（见表 3-1-2）。

表 3-1-2　宿舍卫生检查表

检查日期：　　　　　　　　　　　　检查人员：

考核指标	门前	卫生间				公共区域							阳台	宿舍安全				附加分	总分
考核项	宿舍门前杂物	清洁情况	垃圾处理情况	生活用品摆放	通风	门窗墙面	固定家具	个人物品				垃圾处理	通风情况	吸烟情况	阳台整洁	养宠物	私拉乱接	管制刀具	违章电器		
基础分	5	5	5	5	5	5	10	30				10	5	10	5	发现以上宿舍安全问题，在下面的方框内打"√"				1~20	
								鞋子	书桌	床头柜	床面										
宿舍A																					
宿舍B																					

2. 高校宿舍文化节

宿舍文化节，又称"寝室文化节""公寓文化节"，是大学校园内举办的大型活动之一，用以丰富大学生校园文化，促进大学寝室的和谐与和睦，宿舍文化节主要由校学生会等与宿舍相关的学生组织或部门组织举办。学生宿舍是同学们在校学习、生活的重要场所，是"三全育人"的重要阵地，是校园文明的重要名片。开展宿舍文化节，可以让学生在积极参与、真情投入中，发挥聪明才智，增进友谊，增强集体荣誉感。

学生寝室是校园文化的窗口，作为大学生的基本群体组织具有独特的功能和影响。寝室成员长期共同生活，在生活方式、学习态度、行为规范、价值理念和理想信念上相互影响，会由此形成独特的寝室文化。举办宿舍文化节旨在展现丰富多彩的大学生活，体现积极向上的精神风貌，培养同学们的动手创新能力。宿舍文化包含深刻的内涵，拥有多样的形式，对提高学生的文化修养、综合素质等可以起到感染熏陶、潜移默化的作用。

宿舍文化节的主要活动形式：

（1）宿舍舍标设计大赛。参赛者以宿舍为单位，参赛形式主要是用装饰品、废弃材料等进行手工设计。

（2）宿舍美化大赛。参赛者以宿舍为单位，参赛形式主要通过装饰品来美化和布置宿舍。

（3）宿舍才艺大赛。又称宿舍文化才艺大赛、宿舍风采大赛，参赛者以宿舍为单位，参赛形式分为歌曲、舞蹈、相声、乐器、话剧、朗诵、书画表演、魔术、武术等。

（4）文明宿舍评比。这包括校级文明宿舍、院级文明宿舍、十佳宿舍、星级文明宿舍、爱心宿舍、安全宿舍等各类先进宿舍评比。

（二）教室卫生

教室是高校传播知识的重要场所，一个文明的课堂有利于通过教育使学生获得知识。良好的学风，文明的课堂，离不开每一位同学的自觉维护。

1. 文明教室倡议书

（1）不把食物带进教室，主动清理抽屉垃圾。

（2）以爱护教室环境为己任，自觉维护教室的清洁卫生，做好值日生工作。

（3）保持教室安静，不喧哗、嬉戏或高声朗读妨碍他人学习。

（4）不在教室内吸烟、随地吐痰。

（5）上课前，确认讲台、黑板干净整洁，为老师提供一个舒适的上课环境。

（6）进入教室后，将手机关机或调为振动状态，轻声走路，轻声就座。

（7）节约用电，离开教室时，关闭门窗、电灯等设施。

（8）尊重管理人员的劳动，并服从他们的管理。

2. 教室卫生要求

（1）保持室内清洁，定期清理，擦拭地面、桌面、门窗、玻璃和黑板，保持室内空气新鲜。

（2）地面每日拖扫干净，保持光亮、清洁、无尘，教室内无痰迹、水果皮、瓜子皮、纸屑等。

（3）教室内的桌椅无刻画涂写现象，并摆放整齐，不践踏、损坏桌椅，爱护多媒体器材、电视、灯具、暖气片。

（4）墙上无蜘蛛网，无乱贴乱挂、乱涂乱画现象，无脚印、墨迹、颜料等污迹。

（5）教室内无乱拉电线等现象。

（6）教室内清扫工具整齐规整地统一堆放于一角。

3. 教室卫生自查标准

教室卫生按地面 40 分，桌椅卫生及摆放 25 分，墙壁、风扇、黑板 15 分，门窗 15 分，洁具 5 分，进行评分，共计 100 分。

（1）教室地面（共计 40 分）。

① 地面清理不干净的，减 5～10 分。

② 有碎纸和其他废弃物的，减 5～20 分。

③ 垃圾未倒的，减 10 分。

④ 未打扫的，减 40 分。

（2）教室桌椅卫生及摆放（共计 25 分）。

① 抽屉内有废弃物的，减 3～15 分。

② 桌椅摆放不整齐的，减 10～15 分，计分减完为止。

（3）墙壁、风扇、黑板（共计 15 分）。

① 电风扇有灰尘的，减 2 分。

② 内墙壁有污迹或表面有蛛网的，每处减 2 分，最多减 4 分。

③ 讲台未擦干净的，减 2 分。

④ 黑板未擦干净的，减 3 分；黑板未擦的，减 5 分；计分减完为止。

（4）教室门窗（共计 15 分）。

① 教室大门（包括前后门）未擦干净的，减 2 分；未擦的，减 5 分。

② 一个窗户不清洁，减 1 分；一个窗台未擦干净，减 1 分。

（5）卫生洁具摆放不整齐、位置不固定的，减 2 分；卫生洁具不齐全的，减 3 分。

（三）食堂督导

食堂是学生吃饭的场所，食堂的卫生情况不仅会影响饮食安全，也影响学生对校园生活的认知和校园风气的塑造，加强对食堂卫生的督导，能够营造更健康卫生的饮食环境，也能有效提高卫生参考标准，帮助学生树立自我管理意识。

1. 食堂卫生标准

（1）地面、桌面、坐凳、电器设备、窗、墙壁等保持整齐、清洁。

（2）餐厅通风好、光线好，就餐环境舒适。

（3）防蝇、防尘设备齐全，餐厅内无乱贴乱挂现象。

（4）餐具、盛具清洁卫生，有防蝇罩，售饭台清洁卫生，洗碗池清洁通畅，门帘及时清洗。

（5）卫生工具存放统一整齐，窗台及墙角不随便摆放杂物。

（6）周围环境卫生区无杂草、杂物，无卫生死角。

（7）周围墙壁无乱贴乱画和乱搭乱挂。

（8）操作台干净卫生，各种炊具摆放整齐；生熟食品分开，并有明显标记；用过的餐具一洗、二刷、三冲、四消毒、五保洁。

（9）冰箱、冰柜、消毒柜由专人管理，冰箱、冰柜每周定期除霜，生熟食品分开存放，柜内无异味。生菜上架，摆放整齐。水池保持清洁，素池荤池分开，上下水道畅通，排水沟无垃圾、无异味。

2. 食堂卫生督导行为规范

（1）检查前

① 检查时间由小组成员共同商定，并避开食堂就餐高峰期。

② 组长在检查前一天领取检查表、工作证和小红帽。

③ 检查人员严格对待每次检查，原则上不允许请假。若确实时间上有冲突，可以与其他检查人员换班。

（2）检查时

① 检查人员必须佩戴工作证和小红帽。

② 检查人员要着装整齐，不可穿拖鞋，不可披头散发。

③ 检查人员必须态度端正，恪尽职守，熟知相关检查项目和要求，严格按照检查表进行评分。

④ 发现违规行为，必须拍照取证，保留第一手资料。

⑤ 检查时尽量避免与商家发生冲突，若遇到食堂人员不配合等情况，尽量要求食堂管理员协调处理，对不配合的据实记录并反馈给学院。

⑥ 若发生商家贿赂或威胁等情况，需立即将情况告知相应食堂管理员。

（3）检查后

① 对检查时发现的违规行为（已拍照取证的违规行为）进行扣分，评分时只记满分与 0 分。

② 组长按照样板整理好扣分项目及照片，在指定的时间内将文件发送给相应的管理部门。

生活技能型劳动教育的价值在于使学习者具有更好的决策力，增加积极参与和取得个人成绩的能力。青年成长是一个心理、生理和情感成长的过程，在这个非常重要的时期，教师、家长等有责任通过指导，帮助学生获得良好的生活技能，使之在学习、生活和工作中取得成功。

（四）垃圾分类

生态环境保护是功在当代、利在千秋的伟大事业，保护环境，人人有责。绿色环保型劳动技能教育，有利于构建优美的校园环境，形成良好的教育氛围。大学生要有环境保护的责任感和紧迫感，要将保护环境的道德观念内化为自觉行动，养成自觉保护环境的习惯，并积极主动地宣传环境保护和可持续发展的思想。

高校推行垃圾分类，既能使学生养成尊重劳动的习惯，也能节约学校资源，具有以下几方面的意义。

（1）有利于节约土地资源。填埋是垃圾处理的重要途径和方式，但填埋不仅会占用较多数量的土地，而且会污染土壤和地下水源，危及人们的身体健康。有效进行垃圾分类，能够最大限度释放空间，给人们提供舒适、健康的生活与学习环境。

（2）有助于减少环境污染。焚烧处理垃圾占用土地较少，并且可以收集利用焚烧产生的热能，但是垃圾不分类的焚烧会严重污染空气，危害人们的身体健康。

（3）有利于资源的循环利用与可持续发展。垃圾中绝大部分可以回收利用、变废为宝，有效分类垃圾能够为经济社会提供更多的资源，推动经济发展和人民生活质量的提高。

（4）有利于提升公众的环保意识。垃圾分类良好习惯的养成过程就是环保观念的形成、提升过程，也是公众遵守公共规则，履行公共责任行为的培育过程。

（五）无烟校园

高校学生吸烟不仅有损自身的健康成长以及高校的校风、学风建设，也会影响文明社会建设，带来许多不良风气。为了保护师生群体的身心健康，树立健康的生活理念和生活方式，提高广大师生对吸烟危害健康的认识，引导师生积极主动参与控烟、戒烟活动，努力营造健康、文明、优美、和谐的育人环境，高校需要进一步加强控烟治理工作。

无烟校园建设的目标问题，即如何治标与治本的问题。要以"预防为主，教育引领，标本兼治"为原则，以"防控有力，意识提高，环境整洁，校园安全"为目标，认真落实校园安全管理的各项措施，不断加强防烟、控烟工作的基础建设，全面落实安全管理的工作责任，扎实做好高校控烟治理工作。

1. 广泛张贴或摆放禁烟标识

校园区域内应广泛张贴或摆放醒目的禁烟标识，具体位置至少包括校门口、教学楼门口、班级内、会议室、图书馆、食堂、卫生间、茶水间、走廊、楼梯、电梯等区域。标识要醒目，位置要明显。

2. 布置宣传栏及展板

可在校门口、教学楼门口处、班级内、会议室、图书馆、卫生间、走廊、楼梯、电梯等区域张贴无烟学校管理规定和控烟宣传海报，有条件的学校还可在校园、走廊、食堂等区域摆放展板。

3. 实行高校区域联防控烟检查机制

进行区域联防检查，成立专项检查工作小组，由院校相关部门负责人、学生工作组组长、每日值班负责人、各班次值班志愿者组成，并做好记录与反馈（见表3-1-3），以满足广大师生控烟需求为出发点，以创建无烟示范校为载体，做到组织领导坚强有力，教育引导扎实有效，控烟检查细致紧密，应急处置规范高效，控烟工作坚实稳固。

表 3-1-3　无烟校园督查记录表

检查日期		班次 （上午、中午、下午）		检查地点		检查人员
工作记录						

检查日期		班次 （上午、中午、下午）		检查地点		检查人员
工作记录						

二、勤工助学劳动实践

（一）勤工助学劳动实践开展背景

在很长的一段时间内，国内用勤工俭学的称谓来代替勤工助学，这个名称来源于"留法勤工俭学运动"。"勤工助学"一词最早由复旦大学在 1984 年提出，旨在通过这样的活动，促进学生将知识在实践中加以运用，进而提升自身的专业素养、自立能力，帮助学生进行全方位发展。

从 20 世纪 90 年代至今，国家先后发布了多项关于勤工助学相关的政策，先在高校日常工作中设立勤工助学项目，又明确了高校在勤工助学管理制度、经费来源和应用、助学基金设立和管理方面的有关规定，逐步强化了勤工助学工作在高校学生工作体系中的作用、地位和价值，勤工助学项目很好地帮助了家庭经济困难的学生顺利完成学业。

勤工助学是指在学校的统一领导和组织下，参与的学生借助课余时间，通过付出劳动来赚取收入，对自己的生活条件及学习条件进行改善的实践活动形式。勤工助学是新时代对学生进行资助的有效途径和重要方式，也是帮助学生改变经济困难现状、提升学生综合素质的有效方式。

勤工助学主要为经济困难学生提供助学岗位。校园内勤工助学岗位是有限的，因此只能照顾部分经济特别困难的学生参与。勤工助学是业余性的，学生在开展勤工助学活动时，应坚持课余的原则，需以搞好学习为前提，放弃学业必然会得不偿失、本末倒置。勤工助学是有偿服务，具有一定的经济效益，学生需依靠自己的知识、技能和辛勤劳动获得相应报酬。

（二）勤工助学的政策要求

1. 活动管理

在学有余力的基础上，学生可以提出参与勤工助学的申请，获得学校审批后，通过学校所组织的安全教育培训及岗前培训等相关活动后，由学校统一进行岗位划分和安排。学校在设置岗位时要充分注重岗位工作内容和工作环境，不得要求学生到有害有毒、危险的环境中开展勤工助学活动，也要充分考虑学生的身体素质，不得安排超过学生承受范围、可能会给学生的身体健康带来影响的劳动。任何个人或单位没有经过学校的审核和批准，不能聘用在校学生为其打工。

2. 时间安排

学生参与勤工助学活动不能影响学业，因此要严格把控勤工助学时间，原则上每周参与勤工助学的时间不得超过 8 小时，每月参与勤工助学的时间不得超过 40 小时。

3. 劳动报酬

若学生所分配的岗位为校内固定岗位，则劳动报酬需要由学校进行统一核算。每月 40 工时的酬金在原则上不能低于有关部门或当地政府所出台的居民最低生活保障标准或最低工资标准，可以根据实际情况进行适当浮动。若学生所分配的岗位为校内临时岗位，则在计算劳动报酬时需要按小时进行计算。每小时的工资标准原则上不能低于 8 元人民币。若学生所分配的岗位为校外岗位，则工资标准不得低于有关部门或当地政府所规定的最低工作标准，具体工资额度需要由学校、用人单位及学生三方协商确定，并且需要将工资标准严格纳入到聘用协议中。

4. 权益保护

学生在开展勤工助学之前应当与相关部门签订协议，通过协议来保障其合法利益。若学生在校内开展劳动活动，则需要与学校的相关部门签订协议书，如负责管理勤工助学的组织，要确保协议书所具有的法律效力。若在校外开展勤工助学活动，则应当与用人单位、学校相关部门签订三方协议，以确保三方协议的法律效力。协议书中应当明确三方所具有的义务和权利，应当写明若发生意外伤害事故如何进行处理及发生争议时所采取的解决方式。

（三）高校勤工助学岗位设置

1. 岗位设置原则

学校应积极开发校内资源，保证学生参与勤工助学的需要。校内勤工助学岗位设置应以校内教学助理、科研助理、行政管理助理和学校公共服务等为主。勤工助学岗位设置既要充分考虑学生的具体需求，又要确保学生在参与过程中不会因其而对学业产生影响。

2. 岗位设置类型

勤工助学岗位主要有两类，分别是临时岗位和固定岗位。临时岗位是指非长期性，仅一次或几次活动就能完成要求的岗位；而固定岗位则是指长期性岗位，包含一学期以上的岗位和寒暑假的连续性岗位。

3. 岗位管理要求

学校要引导和组织学生积极参加勤工助学活动，同时要对勤工助学活动的开展提供支持和帮助，要引导学生参与安全培训和岗前培训，维护勤工助学学生的合法权益；安排勤工助学岗位，应优先考虑家庭经济困难的学生；对少数民族学生从事勤工助学活动，应当尊重少数民族地区所具有的风俗习惯；不得引导学生参与有害、有毒和危险的劳动现场以及超过学生能够承受范围、有碍学生身心健康的劳动。

第四节　社会劳动

社会劳动教育是指在家庭学校以外的劳动场所开展的以校外服务性劳动、职业体验劳动为主的劳动形式。

校外职业体验劳动包括顶岗式、参观式、职业辅助式职业体验，如学农、学工等；校外服务性劳动包括医疗、环保服务、康复服务以及助残、敬老、扶弱等。

与学校和家庭劳动教育相比，社会劳动教育所具有的要求更高，如对于劳动过程中辅导人员的需求情况，对劳动场所的要求情况，对劳动时间的要求情况，对劳动实施条件、参与程度等的要求情况，这就需要企事业单位和政府机关积极做好政策保障，有效推动社会劳动教育的有效开展。

一、社会劳动教育资源理论解析

资源与劳动的结合形成了物质生产力，"资源"一词最早出现在经济领域，后来被广泛地应用于其他社会科学领域。所谓资源，在现代汉语中的含义是指一个国家或地区所拥有的各种物质要素，包括人力、财力和物力等，如在人类社会经济活动中，人类利用自然资源和社会资源进行财富的创造。劳动是人类的对象性的活动，人类通过劳动工具对自然资源进行利用，进而"把自己的活动传导到劳动对象上去"。在人类的劳动过程中，自然资源和社会资源诸要素有机结合，形成了现实的物质生产力。

（一）社会劳动教育资源的内涵

所谓社会劳动教育资源，是指在劳动教育中，能够被劳动教育主体所开发利用的，有利于实现劳动教育目标的各种社会物质要素和精神要素的总和，具体来讲有以下几层含义。

一是社会劳动教育资源育人作用的发挥是需要经过合理开发利用才能实现的。社会劳动教育资源本身并不会自觉地在劳动教育的过程中发挥育人作用，而是要经过劳动教育主体在劳动教育目标的指引下对其进行合理开发利用，与劳动教育相关内容有机融合才能发挥出劳动教育的育人作用。

二是社会劳动教育资源必须是有利于劳动教育目标的实现的各种社会资源要素。就社会劳动教育资源本体来讲，只要是能对劳动教育产生积极影响的社会资源（包括物质的和精神的、域内的和域外的、历史的和现实的等）都属于社会劳动教育资源。

三是社会劳动教育资源是指在现有教育条件下能够被开发或利用的各种社会要素的总和。对社会劳动教育资源的开发利用总是会受到一定社会条件的制约，人的认识能力、思维能力和技术条件等都会影响社会劳动教育资源的利用水平和育人作用的发挥。

（二）社会劳动教育资源的特征

社会劳动教育资源有其特定的内涵和范畴。总体来讲，随着社会经济的发展和社会劳动形态的变化，社会劳动教育资源呈现出时代生成性、社会开放性和形态多样性等特征。

1. 社会劳动教育资源具有时代生成性

首先，社会劳动教育资源不是天然就存在的，而是随着人类历史的发展变化而变化的。其不仅以具有时代性的物质形态为载体，如具有时代感的建筑物、生产工具等，同时也以一定的社会历史阶段形成的精神形态为载体，如不同年代所形成的劳动精神和劳动文化等。

其次，社会劳动教育资源不会自发产生作用，而是需要通过对具有时代生成性的社会劳动教育资源（包括物质形态和精神形态等）的主体性的开发来发挥其教育价值，使劳动教育资源变得丰富多彩。

2. 社会劳动教育资源具有社会开放性

首先，社会劳动教育资源的来源具有开放性。社会劳动教育资源相对于学校劳动教育资源或家庭劳动教育资源的空间限定性和资源有限性等方面而言，其具有显著的开放性和多元性等特点。社会劳动教育资源广泛存在于社会的生产生活中，由人类的生产生活实践所创造，体现着人类实践活动的印记。

其次，社会劳动教育资源的受众具有开放性，集中表现在社会公众的共享共用等方面，处于一定社会劳动教育资源影响下的个体或群体，都可以享用社会劳动教育资源或者受其影响。

3. 社会劳动教育资源具有形态多样性

首先，社会劳动教育资源的内容具有多样性。社会劳动教育资源不仅包含展现一定时代或时期劳动生产状况的物质形态的劳动教育内容，还包含体现劳动价值观、体现劳动者的劳动精神、展现一定社会劳动文化的精神形态的劳动教育内容。社会劳动教育资源的内容往往隐藏在相关教育资源中，需要教育主体进行内容挖掘。

其次，社会劳动教育资源的载体具有多样性。从其属性来看，有政治资源载体、经济资源载体和文化资源载体等；从其存在方式来看，有物质形态的资源载体，如实物形态的劳动成果等，也有精神形态的资源载体，如在生产实践中形成的劳动精神或劳动文化等；从其空间分布来看，有地域性的资源载体和非地域性的资源载体；从其时间存在来看，有历史性的资源载体和时代性的资源载体等。

二、社会义务性劳动实践形式

（一）关于"义务劳动"的解释

单从劳动二字上来说，是指人们改造自然、创造物质财富的活动。从婴儿时期开始，已经可以看到一些最原始的劳动活动。义务劳动，虽然只比劳动多了"义务"二字，但蕴含着更大的能量与意义。

义务劳动，也称志愿劳动，是指不计定额、不要报酬、自觉自愿地为社会劳动。《中华人民共和国劳动法》第六条是国家对劳动者提倡、鼓励行为的规定，其中首句就是："国家提倡劳动者参加社会义务劳动。"对此，我们应该如何理解呢？

《现代汉语词典》对"义务劳动"一词的解释是："自愿参加的无报酬的劳动。"而"社会义务劳动"是指社会公益活动，具体一点，就是有关卫生环境、抢险救灾、帮贫扶弱等群众性福利事业的义务劳动。这种劳动是完全建立在劳动者的主动性、自觉性的基础上，体现的是劳动者崇高的社会责任感和高尚的品德。它与劳动者在劳动关系范围内的法定劳动义务不同。

对于社会义务劳动，《中华人民共和国劳动法》在其规定中也只是提倡，并没有强制性要求。作为劳动者，可以参加，也可以不参加，这取决于劳动者本人的思想境界的高低，是属于道德范畴的问题。而法定劳动义务就复杂多了，它存在于一种权利和无相互转换的关系之中，该尽什么义务，该享受什么权利，《中华人民共和国劳动法》进行了严格的规定，是属于法律范畴的问题。后者与前者最大的不同之处在于，有取得劳动报酬的权利，是一种有条件的劳动。它们的区别还在于，社会义务劳动创造是一种良好的社会风气、一种精神文明的成果，而围绕与企业生产进行的劳动则是为企业创造利润。

（二）作为义务社工的服务层面

1. 服务人群

它包括儿童及青少年服务、老年人服务、妇女社会服务、康复服务、社会救助、就业服务、心理健康辅导、家庭服务、医疗社会工作、学校社会工作、矫治服务、城乡社区发展、军队社会工作、企业社会工作等 14 个服务领域。

主要服务对象是社会的弱势群体，表现在经济能力、政治能力和社会地位、受保护情况方面的缺乏与缺失，如老年人、儿童、妇女、残疾人等。以利他主义为精神内涵和重要指导，借助所学习和掌握的科学知识，通过科学的方法更好地帮助他人。

2. 对象层面

（1）解救危难。

（2）缓解困难。

（3）促进发展。

3. 社会层面

（1）解决社会问题。

（2）促进社会公正。

（三）大学生义务劳动意识培养

高校是培养社会主义建设者和接班人的殿堂，劳动是创造财富的主要途径和方式，也是产生幸福感的重要来源。吃苦耐劳、敢于创造是中华民族鲜明的伟大品格。当代高校应积极参加义务劳动并在实践中提升自己，学校也应大力宣传义务劳动事迹营造良好的氛围。

开展义务劳动是贯彻党的教育方针和对学生进行德育教育的重要内容之一，它有利于增强学生的劳动观念、集体主义观念，有利于培养学生爱护公共财产意识，有利于促进班风、校园文明建设。

义务劳动也是学校德育教育的一个重要组成部分，义务劳动是最容易操作、最有实效意义的劳动教育途径。目前，我国大学生群体中独生子女所占比重比较大，生活在"6+1"家庭模式中的他们，备受宠爱，可能会表现出"自私""自我""我行我素"等消极面。针对这种情况，大学生参加义务劳动，可以提高他们的文明素质和道德水平，培育"民生在勤，勤则不匮"精神和责任意识，帮助学生树立正确积极的价值观念，促进了大学生的全面发展。

1. 培育劳动者素质

国际形势越来越复杂，国际竞争越来越激烈，国家想要在激烈的竞争中抢占高地、获得主动权，就必须要不断提高国民素质，特别是要提高本国劳动者的整体素质。

素质是一个人立身的根本所在，技能则是一个人成就事业的根本所在。大学生必须提高对自我的要求和标准，要保持学习的习惯和状态，要广泛地开展学习活动，学习科学、学习文化、学习技能、学习一切能够学习到的知识，从而不断提高自身的能力和素质，提高自身的竞争力。学生还要结合自己的专业情况，向同学、老师书本进行学习，也向实践进行学习。三百六十行，行行出状元，劳动没有高低贵贱之分，任何一份职业都很光荣。大学生毕业后要立足本职岗位诚实劳动，无论从事什么劳动，都要干一行、爱一行。在工厂车间中，就应当弘扬"工匠精神"，要细心打磨每一个部件，要能生产出更加优质、更高水平的产品；在田间地头，就应当伏下身子，脚踏实地进行劳作，用付出和汗水获得丰收；在商场店铺，就应当提高服务意识，要做到笑迎天下客，保持诚信，提高服务水平。只有脚踏实地，才能在每一个岗位上创造属于自己的丰功伟绩，彰显个人的价值。

从 20 年前提出实施科教兴国战略到做出人才强国战略、创新驱动发展战略重大决策部署，大力加强教育、着力提高劳动者素质，已经成为由"中国制造"向"中国创造"迈进的必然选择和实现转型升级的基础工程。通过学习新知识、掌握新技能，用社会主义核心价值观武装头脑，提升职业道德，坚定理想信念，立报效祖国之志，行勤勉奋发之举，创开拓进取之业，建服务人民之功，大学生就能立足专业成长成才，在建设国家中实现人生价值。

2. 弘扬劳动精神

义务劳动教育的开展对学生的成长发展有非常重要的影响。

（1）义务劳动能使大学生充满活力，改善肌体机能，包括呼吸、血液循环、新陈代谢等，促进大学生的身体发育。

（2）义务劳动，不论是体力劳动还是脑力劳动，都要做出努力、耗费精力，要取得劳动成果，要有顽强的意志和毅力，因而可以培养大学生的自信心、责任心、情感和意志等思想品质。培养大学生的自信、自强就要从劳动教育开始。过去许多家训里讲"黎明即起，洒扫庭院"，就是要培养大学生自己动手的习惯，养成"我能做，我会做"的自信心。

（3）认识义务劳动是产生财富的源泉，从而培养尊重劳动、热爱劳动、尊重劳动人民的品质。劳动没有贵贱之分，只要是劳动，就是为社会服务。

（4）义务劳动是创造的基础，是一种创造性活动。一个模具专业大学生在实训室一学期要做成一件产品，如榔头，他要自己设计、自己制作，在老师的帮助下克服困难，这就培养了他的创造意识和创新精神。

因此，义务劳动教育的开展不仅能够引导学生提高生活技能，还能帮助学生推动智力发展，强身健体，提高学生的创新意识和能力，提高学生的实践水平，帮助学生养成正确的劳动价值观念，真正做到尊重劳动。义务劳动不仅能提高学生的智力，而且把教育和劳动结合起来，从而提高学习的效率。

当前时代是创新的时代，需要不断对知识和技术进行创新，而知识和技术的创新并不是通过空想就能获得的，而是需要付出大量的劳动，在劳动的汗水中创造出来的。义务劳动能够创造财富，也能引导新的思维。培养学生尊重劳动和热爱劳动，树立劳动最光荣的意识是非常重要且必要的。

3. 大力提倡义务劳动，提升内在生命力

（1）让义务劳动教育成为一种价值召唤

在观念层面，大力提倡义务劳动精神要凸显综合性与统领性，让义务劳动教育成为一种价值召唤。义务劳动教育不是一种独立的教育形式，而是各种教育的统领，能够把其他一切教育内容联结在实践之中。义务劳动教育不仅能够培养学生爱劳动、依靠自我劳动生存与创造的道德品质和人格品质，增强体质，磨炼意志，发扬志愿服务，促进身心健康，还能够丰富学生对人生的理解，增强学生对自我发展以及成功体验的审美意义，能够实现把知识转化为能力、增进智慧等功能，即"以劳树德、以劳增智、以劳强体、以劳育美"。

义务劳动教育并不狭隘地指体力劳动、志愿服务或直接的生产劳动，而是基于志愿服务、体力劳动与物质生产劳动的实践活动。在家庭生活中要更加突出培养学生自立、自理能力的活动；在职业生活中要更加突出通过付出劳动获得物质生活的活动；在社会生活中要更加突出无私奉献的公益性活动；在学校学习中要更加突出结合学科知识的操作和实践活动，突出能够借助知识转化为自身智慧和能力的活动。义务劳动教育并不是通过家庭、社会、学校单方面努力就能实现的，而是需要社会中各方面力量相互配合、相互协调、相互联系。

（2）让义务劳动成为一种积极的生存方式

在实践层面，要强化激励性与基础性，让义务劳动成为一种积极的生存方式。义务劳动教育并不是强制或刻意的行为或观念，而是诞生并存在于自觉意识与行为中的。但是，义务劳动教育又发生在时时刻刻、每一个角落，也必然渗透到教育教学的各个层面环节中，成为教育的重要基础和有效归宿。因此，我们应该把义务劳动的理念和行为渗透到生活、学习、工作的各个环节中，使之成为一种生存方式。

三、暑期兼职劳动实践要点

（一）识别假期兼职陷阱

寒暑假期间，多数学生都会做兼职。假期兼职可以在锻炼自己、增加生活体验的同时挣一些生活费，是一种常见的社会实践形式。在假期兼职时，我们应擦亮眼睛，谨防落入各种"陷阱"。

1. 传销陷阱

目前，不少传销组织打着"连锁销售""特许经营""直销"等幌子，或以"国家搞试点""响应西部大开发号召"等名义诱骗学生参与传销活动。在形式上，传销组织也由此前的发展"下线"改为"网上营销"方式，打着"电子商务""网络直销"等旗号利用互联网进行传销，其违法活动更加隐蔽，传播范围也更为广泛。

遇到这种情况，该怎么办？

（1）在找实习单位时，注意看对方是否有正规执业牌照。

（2）面试时，对公司的营业运作模式进行判断，看是否存在虚假状况，如果企业在面试过程中表现出对你的交友、家庭情况等比对职业技能、实习经历更感兴趣的话，就要有所警惕了。

（3）一旦对方要求缴纳一笔入门费或者要求发展其他成员加入从而获得报酬的，要警惕其是否为传销组织。

（4）很多传销都是通过亲朋好友或同学进行的。如果有长期没有联系的亲友、同学突然联系你，邀请你去异地找工作，或者有其他异常行为，要提高警惕。

（5）面试时若感觉有异常，不要慌张。可以用上厕所、学校有事等借口先行离开，以保证自身安全。

2. 培训陷阱

一些骗子公司通常会和一些培训机构联手，招聘时以"先培训，拿证后上岗"为由骗取求职者培训费、考试费、证书费等各种费用。实际情况往往是，经过一段时间的培训、参加完考试后，公司便不知去向，或被告知"很遗憾，考试未通过，不能上岗"。

遇到需要培训上岗的公司时，要先了解培训机构是否正规，在网上查看之前参加培训的学员的评价，评估培训的质量，再决定是否参加培训。

3."押金"陷阱

一些用人单位声称为了方便管理，向应聘者收取一定数额的押金或保证金，并承诺工作结束后退还，然而工作结束时学生只能领到工资，保证金却不见了踪影。更有甚者，在学生交过钱后说职位暂时已满，或者说暂时没有工作可做，要学生回去等消息，接下来便再也没有消息了。

国家人事和劳动部门明文规定，用人单位不得以任何名义向应聘者收取报名费、考试费等，对于员工的培训费用，应当从企业成本中支出。很多学生求职时不了解相关规定，又求职心切，往往会落入陷阱。

遇到这种情况，该怎么办？

（1）收押金不合法，对方谈到押金时要提高警惕。

（2）应聘时要注意看应聘单位的规模，再看负责招聘人员的素质，如果应聘单位只有一张写字台、两把老板椅，建议尽快找借口离开。此时可称自己没带多少钱，或者告诉对方"等我同学来后再商量"，让对方明白你不是孤身一人应聘，然后通过发微信、打电话等方式求助同学，以便在第一时间离开。

4."黑中介"陷阱

一些黑中介，抓住学生缺少社会经验且找工作心切的心理，收取高额中介费后，却不履行承诺，不及时为学生找到合适工作。

黑中介的套路往往是不停地拖延，让学生耐心等待，最后不了了之。更有一些中介"打一枪换一个地方"，骗取一定中介费后，就消失得无影无踪。

找假期兼职时，学生最好咨询学校的劳动就业服务中心，或者请学校负责联系用人单位。如果必须自己寻找，也要找正规的企事业单位，或找正规中介机构帮忙联系。

（二）兼职劳动关系

以前，对于劳动者的兼职行为，一些司法审判机关会以劳务关系对待，以至于一些劳动者在从事兼职活动时，无法享受社会保险、节假日、最低工资标准等应有的劳动保障待遇。

2008 年《中华人民共和国劳动合同法》《中华人民共和国劳动争议调解仲裁法》施行以后，若兼职者与用人单位签订了合同，则认为该兼职属于劳动关系；若双方当事人未签订合同也未达成口头协议，则认为该兼职属于劳务关系。

因此，学生在从事兼职活动时，应仔细了解自己与兼职单位之间的各项权利义务，注重保护自己的合法权益。对于双方之间的法律关系以及权利义务，最好能通过书面合同的形式予以确认。

（三）劳动合同与劳务合同的区别

1. 主体资格不同

依据《中华人民共和国劳动合同法》第 2 条规定，劳动关系的双方主体具有特定性的，即一方是用人单位，另一方必然是劳动者。劳动者是指符合劳动年龄条件，具有劳动权力和劳动行为能力的自然人，用人单位是指与劳动者建立起劳动关系的国家机关、事业单位、社会团体、企业、个体经济组织或民办非企业；而劳务关系的主体类型较多，其主体不具有特定性，可能是两个及以上的平等主体，可能是法人、自然人、法人与自然人之间的关系。此外，法律法规中对劳动关系主体的要求要远远严格于劳务提供者主体资格。

2. 主体地位不同

劳动关系建立后，用人单位与劳动者之间并不是处在相对平等的地位下，两者之间存在着财产关系，且用人单位与劳动者是领导和被领导的关系。劳动者作为组成用人单位工作人员的一员，除了需要付出自己的劳动外，还需要接受用人单位对其的管理，需要遵守用人单位所制订的规章制度，需要服从用人单位所作出的岗位分配和人事安排等活动，反映的是相对较为持续稳定的生产资料、劳动对象和劳动者相结合的关系；而在劳务关系中，双方是平等的，是民事权利义务关系，劳动者需要付出劳务服务，而用人单位则需要给予劳务报酬，双方之间仅仅存在财产关系，并不存在劳动关系中所具有的行政隶属关系，且用人单位与劳动者之间的关系往往具有短期性、临时性、一次性等的特点。

3. 当事人权利义务不同

在劳动关系中，用人单位和劳动者存在一般义务，除此之外还存在附随业务。比如，用人单位需要统一为劳动者办理社会保险，承担劳动风险，劳动者也需要严格履行并遵守用人单位所制订的规章制度等。劳务关系中却并不会存在以上附随业务。

4. 承担的法律责任不同

劳动关系中，劳动者是以用人单位的名义和身份开展工作，在工作过程中若发生过错或失误产生了法律责任，则需要由劳动者所在的用人单位进行承担，但在劳务关系中，往往是劳动者需要独立承担由于自身过错所产生的法律责任。劳动关系中，若非法履行或不履行劳动合同中规定的相关事项，需要承担民事责任和行政责任，如赔偿金、经济补偿金、行政部门所给予的用人单位罚款等行政处罚；劳务关系纠纷中，若违反劳务合同的相关条例和规定，所产生的责任大多是民事责任，如侵权、违约等，无行政责任。

综上所述，双方签署劳务合同应该是建立的劳务关系，虽然说也是个人获得劳动报酬的途径，但是和劳动关系是有本质区别的。两者在主体资格、主体地位、当事人权利义务等多方面都是不同的，发生争议后，调整纠纷的法律依据也不一样。

当然，生活中也有例外的情况。

在具体实践过程中，以下两种情况劳动者虽然具体签订的合同属于劳务合同，但实际上已经构成了劳动关系：

一种是合同的名称为劳务合同，但合同中所包含的内容却与劳动合同一致，则这类合同都可以被归属于劳动合同，双方之间所形成的关系是劳动关系；另一种是合同的内容和名称都在劳务合同的范围内，但在具体履行过程中，劳动者需要接受用人单位的统一支配和管理，是作为其内部工作人员具体开展工作，根据用人单位所提供的生产资料、办公工具、办公环境等，遵照相关规章制度开展劳动，这也会构成劳动关系，而对于双方所签订的劳务合同则可以被认定为"以合法形式掩盖非法目的"，最终判定双方所签订的劳务合同无效。

对以上两种情形，劳动者可以按照《中华人民共和国劳动合同法》《中华人民共和国劳动法》等的相关规定对用人单位进行要求，要求用人单位严格履行法律法规中规定的义务，若发生争议时，也可以向当地劳动争议仲裁委员会提出申请，要求开展劳动仲裁。

所以，至于到底是劳务关系还是劳动关系，我们不能完全只看合同名称，还要看合同的具体内容以及劳动者与所在单位之间在劳动过程中发生的关系。

（四）大学生寒暑假兼职注意事项

大多数人是从和自己相关专业开始找实习和兼职的单位，一般短期销售促销人员比较多，可以是学校联系，也可以自己去人力资源务工的地方去面试，还有一些会在暑期和寒假去学校直接招聘，也有相关的中介公司。

（1）打工前宜先行了解就业市场状况、担任的工作内容、工作形态、有无安装合格有效的安全防护装置等，避免担任有危险性及自己的体能无法承受的工作，不能只顾工资的高低，否则一旦发生职业灾害就后悔莫及了。

（2）如有书面契约，契约内容要公平、合理；如契约内有以下条款，即须请教学校师长、政府相关行政主管机关后再行签约。

① 预扣薪资：即先扣若干工资，作为赔偿之预备违约金。

② 未工作满一定天数不得领薪。

③ 未服务满预定期限之处罚。

④ 预缴工作保证金。

⑤ 放弃一切民事赔偿条款。

⑥ 强迫加班或不加班扣钱条款。

⑦ 扣押身份证。

（3）注意自身安全与权益：公司应为员工投保劳工保险，保险是为保障在发生保险事故时享有保险给付，以获得经济上的帮助，与普通伤病不同，千万别以为己有劳保而不投保，损害自身的权益。

（4）有些求才广告或厂商雇主自发招募求才讯息，或有掩饰不实情形，应谨慎辨识小心掉进就业陷阱，招致受骗与剥削。

（5）尽量结伴参加打工，可以相互协助、照应。

（6）遵守服务单位工作规则，注意言行，建立和谐人际关系，塑造良好形象。

（7）遵守打工安全卫生守则，并应参加服务单位的安全卫生及预防灾变训练或讲习，谨慎工作，保证安全。

（8）需将打工状况告知家长。

第五节　志愿服务

志愿服务是指志愿者组织、服务社会公众生产生活和促进社会发展进步的行为，也泛指利用自己的时间、技能、资源、善心为他人提供非营利、无偿、非职业化援助的行为。志愿服务的主要特点有志愿贡献个人的时间及精力、不为任何物质报酬、只为改善社会、促进社会进步而提供服务。我国志愿服务的范围主要包括扶贫开发、社区建设、环境保护、大型赛会、应急救助、海外服务等。志愿服务的功能有社会动员、社会保障、社会整合、社会教化、促进社会和谐、促进社会进步。

一、大学生志愿服务概述

（一）大学生志愿服务的形式

大学生志愿服务类型非常丰富，可以从不同层面对志愿服务类型进行划分，如可以分为集体、个人、非正式、正式志愿服务。从提供志愿服务的组织类型进行划分，也可以分为公司员工志愿服务、宗教团体组织的志愿服务等；从志愿服务时间进行划分，也可以分为临时性、定时性志愿服务；从服务的对象层面进行划分，可以包含针对农民工、下岗工人、流动人口、弱势群体等的志愿服务；从服务组织所构成的行政力量进行划分，也可以分为民间和官方两类；从专业学科层面进行划分，可以分为环境、社区志愿服务等。

（二）大学生志愿服务的作用

志愿服务的有效开展能够帮助学生提高思政素养。思政教育是新时代教育教学过程中非常重要的内容，开展思政教育能够帮助学生提升道德素养，思政教育的有效推进能够进一步帮助学生树立正向积极的价值观念，确保学生能够掌握马克思主义世界观和方法论，确保学生能够具备爱国思想和情怀。随着物质生活的进一步发展，大学生的思想水平整体呈现积极向上的状态，但也有部分学生存在一定的思想滑坡，比如崇尚享乐主义、拜金主义、虚无主义，甚至在思想方面存在一定的极端性，缺乏对未来的奋斗目标和决心，没有理想和信念，只关注个人的成长和发展，缺乏集体意识和整体意识。通过开展志愿服务就是要将学生们组织在一起，引导学生通过参与帮助他人的服务活动，在服务中有所收获，也能进一步提高实践的导向性，在潜移默化中加强对学生思想的引导，让学生更好地培养集体意识，更好树立价值观念。

志愿服务活动能够有效提高学生情感体验。调动个体积极性的动力和基础就是满足个体的需求，当学生对特定的事物存在的需求逐渐增大时，学生参与的动力也会逐渐增强。大学生在投身到志愿服务过程中时，能够收获外界的赞美和肯定，能够帮助学生积累积极、自我肯定的情绪，能够对外界和社会所赋予自己的责任充满期待和认可，能够有效实现自身价值。

志愿服务活动还能有效磨炼意志。志愿服务活动并不是一项简单的工作，在参与其中时，可能会面临各种各样的突发情况和困难，比如内在层面、外在层面、个人层面、社会层面等带来的压力和困难，学生在参与志愿服务的过程中能够更好应对和解决，在突破困难的过程中加强对意志的磨砺。同时，开展志愿服务活动还能有效提高学生的自制力，能够提高学生对诱惑的抵抗力。物质社会的飞速发展，使得社会中面临的诱惑越来越多，学生只有加强对诱惑的抵抗力，才能保持正确的前进道路，才能更好地实现个人价值，履行社会责任。

二、目前大学生志愿服务存在的主要问题

（一）志愿服务活动有时流于形式

目前，学生志愿服务中一定程度上存在"被志愿"等不合理的情形。

在"被志愿"的情况下，学生会对志愿服务活动所能带来的意义和价值感触不深，也无法真正领会志愿服务开展的目的，这也是制约志愿服务活动效果和质量的重要因素，真正的志愿服务活动应当是主动的、非功利的行为。

（二）志愿服务队伍稳定性不足

项目可持续性不强是志愿服务活动开展过程中存在的最突出问题。根据全国青年志愿服务项目大赛获奖项目的调查，仅有一部分志愿服务项目能够获得评审认可和赛会资金支持，导致有很多优秀项目后续的发展能力受限。之所以会出现这种问题，一方面是由于志愿服务团队的整体稳定性有所欠缺，组成团队的学生流动性较强，进而影响整体传承性和稳定性；

另一方面，资金短缺也是重要的影响因素，有些项目非常优秀但却无法获得社会资金支持，最终由于资金短缺而创业无门。此外，项目的负责人、发起者等对该项目所设立的目标与项目的发展情况也有非常重要的关联，若只是为了获奖或完成任务，可能并不会投入过多时间和精力来探讨项目的可持续性发展。

（三）志愿服务项目类别较为单一

根据中国青年志愿服务项目大赛的分类，目前志愿服务项目可分为关爱乡村振兴、少年儿童、环境保护、为老服务、阳光助残、文明实践、文化传播与旅游服务、应急救援与疫情防控、卫生健康、法律服务与禁毒教育、社区治理与邻里守望、节水护水等十三大类。当下高校志愿服务项目大多以关爱服务类、亲自服务类较多，但协商治理类较少，导致带动参与不足。比如，志愿服务获奖项目中大多是为老弱病残提供服务的项目，这些项目更加强调引导大学生亲自为老弱病残群体进行服务，而没有考虑引入基层社区或社会资源的力量来对老弱病残群体进行帮助。

三、强化高校在新时代大学生志愿服务发展中的主体责任

想要有效提高志愿服务活动的开展效果就应当不断突出高校的主体责任，高校要加大支持力度，优化管理机制，突出学生主体性。

（一）加大高校对大学生志愿服务的支持力度

高校对志愿服务项目的支持力度是影响志愿服务项目开展情况的重要因素，要针对项目开展过程中存在的政策支持力度不足、资金欠缺、人员欠缺等问题，及时加强在资金、政策和人员方面的支持。

1. 加大对大学生志愿服务的资金支持

志愿服务活动是公益性活动，但志愿服务组织的整体运转和引导学生正常参与都需要资金支持。首先，要充分顾及学生的身心健康和基本生活，

要购买保险，发放交通补贴，配备餐食费。其次，要确保志愿服务组织的基本运转，服务组织在活动过程中必然需要活动资金，用于开展团建拉近学生之间的距离，营造团队良好氛围。此外，需要开展常态性培训，要提高学生的整体服务水平。最后，要不定期开展表彰活动。虽然学生参与志愿活动并不是为自己谋取利益或想要得到回报，但通过开展表彰奖励活动还是能够进一步增强学生的荣誉感和成就感，激发学生的参与积极性，让学生在良性的竞争氛围和环境下更好开展志愿服务，提高服务效果。这些活动都需要资金的支持和保障。

2. 加大对大学生志愿服务的政策支持

为了更好保障志愿学生的正当权益，解决在参与志愿服务过程中可能面临的实际问题，需要学校加强有力的政策支持。首先，要引导学生在不影响学业的情况下积极参与到志愿服务活动中，为学生志愿者提供请假绿色通道，更好解决请假难的情况。其次，要加强志愿服务在评奖评优方面的作用和影响，在同等条件下，优先考虑参与志愿服务的学生。再次，在推荐入团入党中，要优先考虑注册了志愿服务者并参与志愿服务时长相对较长的学生，从而更好发挥这部分学生的带动作用和先进示范作用。但也需注意，加强政策支持并不意味着通过政策制定让参与志愿服务的学生获得政策红利，而是让心怀爱心、投身于志愿服务的学生有更多的发展机会，也进一步激励学生积极投入到志愿服务活动中。

3. 加大对大学生志愿服务的人员支持

志愿服务活动的开展离不开教师的支持，通过教师的正确引导让志愿服务项目可持续发展。教师对志愿服务的了解情况、认知水平、参与度都会在一定程度上影响学生对志愿服务的认知和态度。因此，无论是选择优秀大学生还是专职教师担任志愿服务团队的负责人，都需要充分给予他们管理权限，明确制订工作内容和工作要求，让专业的人发挥专业的能力，更好地推动志愿服务活动的有效开展。

（二）优化高校志愿服务的管理机制

高校志愿服务管理工作对志愿服务项目的发展有非常重要的影响，对学生的参与积极性和情感体验也有非常突出的影响。因此，必须要加强对志愿服务管理机制的优化和完善。

1. 招募制度化

招募志愿者是吸纳志愿服务力量的重要途径，也是引导学生了解并参与志愿服务项目的有效途径。招募志愿者的目的和原则是吸收高校拥有志愿服务热情且具备参与志愿服务要求的学生，以期更好推动志愿服务活动开展。双向选择既能够有效提高招募的精准化和规范化，也能有效推动志愿服务的常态化和持续化发展。

大学生志愿者招募工作不仅有助于志愿者队伍的合理形成，还具有传播志愿服务精神理念、宣扬无私奉献精神、保证志愿服务活动长期进行的重要作用。招募志愿者主要包含信息发布、方式选择、遴选程序确定三个方面。

一是要加强招募信息发布的制度化。活动组委会应当加强与高校的沟通和联系，及时发布招募信息，优化宣传地点和时间，扩大宣传影响力，将遴选岗位的具体要求进行明确，引导学生根据自己的实际情况进行选择。

二是要加强招募方式选择的制度化。招募方式既可以通过个人自荐，也可以通过组织推荐。个人自荐能够更好激励相对较为内向腼腆、存在感不强的学生自主报名；组织推荐则可以更迅速找到条件相对较为符合、经验相对较为丰富的学生。还可以通过线下线上多种方式进行报名，从而提高招募效率。

三是优化遴选方式的制度化。加强对遴选程序的优化能够确保在报名的学生中更好找出适合的人才，这是招募工作的重点。在考察时，除了要充分考量专业需要、距离等相对较为客观的因素外，还应当着重考查学生对于志愿服务活动的认知情况、参与热情、自身所具备的能力和素质以及服务动机等。在笔面测试外，还可以通过实践设计，更好地判断学生的个人素质和实际情况，确保选拔出的学生更能符合志愿服务开展需要。

2. 培训制度化

通过培训能够有效提高学生的志愿服务能力和水平，激发潜能，更好满足服务对象的需求，也更好实现志愿服务的效果和质量。加强培训制度化建设是提高志愿服务水平的有效保障，要做到培训形式制度化、培训内容制度化和培训机构制度化。

一是培训形式制度化。培训形式非常多元，可以根据不同的需求和分类标准进行设定。按等级划分，可以分为初级班、中级班和高级班。初级班主要是培训学生掌握志愿服务的基本素养；中级班则是更有针对性的培训；高级班则突出全方位的培训。此外，还可以结合不同的目标来选择合适的培训形式，如线上培训、实践培训、情景培训等。

二是培训内容制度化。培训内容的设定需要充分结合培训目标，要围绕提高志愿学生的能力和素养为核心，加强对基础知识、奉献意识、服务技能等方面的培训和引导。

三是培训机构制度化。针对学生所开展的志愿服务培训应当是长期性的，需要有相对较为固定的培训机构。培训机构应当充分了解志愿服务内容，结合志愿服务项目和学生的实际情况更有针对性地开展培训活动，更好地帮助学生提高服务技巧和水平。

3. 考评制度化

近年来志愿服务活动有了较大的进步，取得了一定的成绩，但也出现了一些问题，如形式主义依旧存在，弄虚作假情况也偶有发生，有些非常优秀的项目没有得到应有的支持和宣传，这都会给整体志愿服务活动的发展带来一定影响。因此，需要加强对评估机制的建设，更好地确保志愿服务活动在正确积极的方向上发展，也能更好避免不良行为的发生，不断优化志愿服务效果。

要建立健全考评机制，优化考评内容、考评方法、考评程序。

一是评估内容制度化。对志愿服务内容进行评估也就是对志愿服务所取得的整体效果进行评估。首先，需要有相对较为明确和具体的评估内容，包含志愿服务项目情况、志愿服务组织情况、参与学生情况等。对项目进行评估更加侧重于考察和评价项目所取得的成绩以及整体的运行状况；对志愿服务组织进行评价主要是考察和评估组织整体工作的推进情况和梯队建设情况；对参与的学生进行考查和评价重点是分析学生对志愿服务活动的参与频率和质量。

二是评估方法制度化。想要有效提高评估方法制度化建设效果，需要建立相对较为统一和规范的标准，使用专业化手段，对志愿服务项目的设计实施情况、组织运行情况、学生投入和成长情况进行评估，从而更好地推动志愿服务活动的进一步发展。

（三）尊重大学生志愿者的主体性

为了更好地调动学生参与的积极性和主动性，提高志愿服务活动的投入度，学校应当加强对志愿服务模式的优化，摒弃行政命令式，积极倡导学生进行创新，发挥学生的主观能动性。

1. 杜绝对大学生志愿者的行政命令

志愿服务活动是公益性活动，倡导自愿性，是让有爱心、乐于助人的学生有服务和奉献的机会和渠道，因此加强对学生主体性的尊重，首先要不断突出自愿原则。

若强迫学生参与志愿服务活动，可能会影响志愿服务项目的有效开展，也会降低学生的参与热情，甚至可能会导致学生对志愿服务活动存在一定的偏见。因此，学校应当摒弃行政命令，加强宣传和引导，让学生真正了解志愿服务活动内容，感受志愿服务活动的精神号召，自愿自觉投入到志愿服务活动中。

2. 鼓励大学生志愿服务的大胆创新

创新意识是学生保持鲜活力的源泉，想要有效提高志愿服务项目的开展效果，就应当注重引导学生的创新意识。当前志愿服务活动的创新，主要侧重于内容和形式两个层面。

要积极引导学生对内容进行创新，要帮助学生加强对服务对象的了解和剖析，更好地明确其具体需求，加强对服务内容的优化和创新，以更好地满足服务对象的期许，更好地提高服务效果。比如，在助力乡村振兴的志愿服务活动中，学生除了可以参与教育扶贫外，也可以将不同群众的不同需求与自己的专业知识进行有效结合，对内容进行创新。

要积极引导学生对形势进行创新，要做到针对性和创新性。新冠肺炎期间，很多医护工作者们投身到抗疫一线，无法在家庭中陪伴孩子，孩子的学业甚至会受到一定影响。而同处于抗疫一线的湖北大学、武汉大学的志愿服务学生们，自发组织了线上授课的志愿服务活动，帮助这些家庭的孩子补习功课，极大地对志愿服务形势进行了优化和创新，获得了良好的效果，也带动了全国范围内类似的志愿服务活动，获得了广泛好评。因此，要积极引导学生进行大胆创新，要真正将志愿服务活动落到实处。

3. 引导大学生自觉地践行志愿精神

突出学生的主体性是为了更好地引导学生践行志愿精神，而非是对志愿服务知识灌输、文化传播的搁置，也不是放任其发展，反而是在宣传和引导的基础上，让学生能够真正与内心进行对话，在精神和初心的引导下，积极主动投身到志愿服务活动中，在践行志愿精神的前提下不断提高自身的能力和素质。践行志愿精神，并不是要让学生做惊天地泣鬼神的大事，而是让学生善于发现细节，善于观察生活，从生活中捕捉志愿服务的契机和切入点。在生活和学习中加强对同学的关心和帮助，发现不文明行为也可以及时制止，这些点滴小事也是志愿服务的重要内容。大学教育要充分突出志愿服务教育的重要性，要让学生加强对志愿精神的了解，让志愿服务意识成为生活习惯。

第六节　创造性劳动

劳动是人与自然界的关系，是人通过自己的活动引起、调节和控制人与自然界的关系的一个过程。劳动是人类能动的实践活动，它不仅在物质上保障了人类的生存与发展，还在劳动的实践过程中促进了人类智力的发展，提高了人类从事物质生产活动的能力。人的劳动具有智力、创造力等特点。

一、劳动的创造性起源

人类通过付出体力、脑力以获得物质生活资料的活动被称作劳动，其是人类生存发展对物质产品的需要。在进行劳动的过程中，人类可以主动地对自身所居住的自然条件与环境进行改变，使之为符合人的意志而发生变化，以满足人类生存和发展对物质产品的需要。所以，人的劳动不同于动物的天性，是人为了改变外部环境，满足自己的物质生活需求而进行的一种自觉的有目的性的行为。

虽然动物也有像人类一样的行为，但这种行为并非出于其本意，只是一种为了求生而产生的一种本能的竞争。人的劳动源于工具的生产，在整个生产过程中，人的意识一直处于主导地位，各种生产工具由零到有，这是人的创造能力的集中体现。在生产实践的过程中，人们与自然界发生了密切的联系，从而形成了对自然的认知，而这些认知又从感性认识上升到了理性认识，理性认识又将其应用到了实践之中。在这样一个循环往复的过程中，人们掌握和运用自然规律的能力会逐渐增强，劳动的创造力也会随之增强，这就使得人类本身所具有的自然力可以通过多种方式来改变外界的环境，从而推动劳动生产率的提高，同时还可以丰富产品的种类，从而持续地满足人们各个方面的需求。

而且，由于劳动，人与人之间的相互接触和合作，使人与人之间的交流更加频繁，从而构成了人与人之间的社会关系。人类社会的发展和进步，都是通过劳动实践来实现的。恰恰对应了恩格斯的那句话："劳动是整个人类生活的第一个基本条件，而且达到这样的程度，以致我们在某种意义上不得不说：劳动创造了人本身。"[①]可见，作为人类劳动的核心特征，创造

---

① 恩格斯. 自然辩证法［M］. 郑易里，译. 北京：生活·读书·新知三联书店，1950.

性反映了人类劳动的本质特征。

二、创造性劳动的理论界定

尽管人的劳动普遍具有创造的特性，但并非一切都能被称作创造的劳动。人的劳动成果是人的劳动在自然界中的具体表现，是人对自然界的一种改造和创造。

根据劳动产品的存在与否，我们可以把劳动分为重复性劳动与创造性劳动。如果说，重复或模仿性劳动的基本特点是对已经存在的或已经存在的使用价值进行复制和生产，那么创造劳动的独特性就体现在了对未知或部分未知事物的认知和掌握，发现、发明和创造人类未有或部分未有新质的使用价值。

因而，重复劳动所产生的产品，主要体现在对人的全部或部分的价值利用上，即数量的累积上，而创造性劳动更多强调的是一个从零开始的过程，它是指以人的身心消耗为代价，来对某种产品生产、技术、方法、思想、理论进行研究实现，它主要表现为劳动成果的质的突破。

创造劳动的结果不只是物质财富的创造，如指南针、电话机、内燃机、青霉素、计算机等物品的发明创造，还可以说是创造了一种精神财富，如作家的文学作品、音乐家的音乐作品、马克思的剩余价值，还包括社会组织的创造，如不同的社会制度、不同的公司制度等。我国当前国有企业实行的混合所有制改革，通过引入国内民营资本和外资参与国有企业改组改革，打破股权结构限制，进一步优化国有企业股权结构，建立健全现代企业制度，促进了生产力的发展，这就表现为一种社会组织的创造。

从劳动的一般意义上来看，创造性劳动和重复性劳动都是人的身心消耗的过程，人的各种特殊形式的劳动都是通过身心消耗来完成的。

在抽象劳动的形态上，无论是重复性劳动还是创造性劳动，劳动的特殊形式被剥离出来，只剩下人类劳动的普遍性和无差别性。根据劳动可划分为具体劳动和抽象劳动的二重性，商品价值是在生产劳动中，由普遍的、无差别的人类劳动凝结而成的。

从抽象的角度来看，创造性劳动和重复性劳动没有本质区别，只有在产量上有差异。对这一点，马克思曾说过："就使用价值说，有意义的只是商品中包含的劳动的质，就价值量说，有意义的只是商品中包含的劳动的量，不过这种劳动已经化为没有质的区别的人类劳动。在前一种情况下，是怎样劳动、什么劳动的问题；在后一种情况下，是劳动多少、劳动时间多长的问题。"[①]从这一点可以看出，无论所生产的产品是现有的还是新的，在人类社会的生产生活过程中，创造性劳动亦或重复性劳动都可以创造出新的价值，它们都是价值的根源。

所以，在这一点上，无论是重复性劳动还是创造性劳动都属于创造财富的劳动，两者之间并无高低之分，无论从事哪一种，都是一种荣耀。不能把从事以脑力劳动为主体的复杂的创造性劳动，看成是比某些重复的、简单的体力劳动更有价值的东西。这些普通劳动者，在平凡的工作岗位上，勤勤恳恳、任劳任怨，默默贡献着自己的智慧和汗水，他们对社会发展、时代进步、国家富强所作出的贡献、发挥的作用，都是不可忽视的，他们也应该受到全社会的尊重。

三、创造性劳动能力的构成体系

当前，世界处于大发展、大变革、大调整的阶段，在这个阶段，创新和创造力已经成为了决定一国竞争实力的关键因素，也是衡量一国核心竞争力的重要指标。《关于全面加强新时代大中小学劳动教育的意见》中明确指出："强化诚实合法劳动意识，培养科学精神，提高创造性劳动能力。"培养和提高创造性劳动能力不仅是实现中华民族伟大复兴的战略抉择，同时也是大学生自身成长成才的内在需要。

创造性劳动能力是在学习工作中逐步养成，在劳动实践中表现和发展起来，思维能力以及实践能力的有机综合能力对创造性产品的问世起到根

---

① 马克思. 资本论：第 1 卷 [M]. 北京：人民出版社，2004.

本和导向作用，也就是在劳动过程中发现和解决新问题、提出新设想、创造新事物的能力。创造性劳动能力主要包括创造性劳动意识、创造性劳动思维、创造性劳动知识三个维度。

（一）创造性劳动意识

创造性劳动意识是以社会和个人生活发展的需求为基础，发现、发明和创造人类未有或部分未有新质使用价值的动机，并在劳动过程中力求产生创造性劳动成果的思想观念。创造性劳动意识是创新活动的起点，也是创造活动的内在动因，它表现为创新、变革、求真务实的精神。

1. 主观能动的意识

创造性劳动意识包括创造性劳动的动机、意向和期望。动机是引起思考或行为的直接原因，动机的产生与人的期望有关；期望是人们希望达到的目标或满足需求的心理活动，期望一旦成为驱使人们行动的力量，就会形成动机，成为推动人们进行某种活动的强大动力。人们根据社会和个体发展的需要，引起创造动机，表现出进行创造性劳动的意向和期望，这种创造意向和愿望就是创造性劳动意识。劳动是人类有目的、有意识的能动活动，是一个主观见之于客观的过程。人与动物的根本区别就在于主观能动性。人们在认识世界、改造世界中，总是抱有一定的目的和动机去行动。蜜蜂筑巢、蜘蛛织网的行为看似有某种预定的目标和计划，实则是一种动物本能的活动。人类的劳动形式无论是创造性劳动还是重复性劳动，都源于人类的主观意识。

2. 求新求变的意识

创造性劳动是一个由虚入实并不断推陈出新、破旧立新的过程。从事创造性工作，要努力培养和形成一种求新求变意识，要自觉地摒弃脑海中过去思考类似问题所形成的思维定式，摆脱过去的思维模式对寻求新的构思的束缚，敢于向传统的观点和固化的模式发起挑战并质疑。古训有"木秀于林，风必摧之"，民谚有"枪打出头鸟"等，这使我们往往缺乏一种创造的内在冲动。因此，培养创造性劳动意识，就是要培养和形成一种敢于抛弃旧观念和旧事物、不断追求新知识、勇于创造新观念和新事物的意识。

3. 求真求实的意识

创造性劳动是生产和创造出前所未有的新的使用价值的过程，要使创造性劳动成果具有使用价值，就要尊重客观规律。规律是客观的，它是不以人的意志为转移的，既不能被创造，也不能被消灭。寻找和发现事物客观规律，按照规律办事，就是求真求实的过程。一方面，创造性劳动只有符合客观规律和需要，才能转化为创造性劳动成果，成为推动自然和社会发展的动力。另一方面，求真求实本身就是进行创造性劳动的过程。例如，科学研究活动作为一种创造性劳动，主要目的就是认识世界、寻找客观世界的内在规律，即通常所说的追求真理的过程。

（二）创造性劳动思维

思维是人脑对客观事物概括的、间接的反映。"思"就是思考，"维"表示方向，思维可以理解为沿着一定方向进行思考。创造性劳动思维是人们从事创造性劳动时大脑中发生的思维活动。不同于常规思维，创造性劳动思维是人类认知新领域、开创人类认知新成果的思维活动，是以感知、记忆、思考、联想、理解等能力为基础，以综合性、探索性和求新性为特征的高级心理活动。创造性劳动思维具有独创性、灵活性、非逻辑性和不确定性等特点。

1. 独创性

创造性劳动思维往往需要打破常规思维形成的思维定式，能从多角度、多侧面、多层次、多结构去思考，通过独特、新颖的思维过程发现和创造新事物，它不会被已有的知识所局限，也不会被传统的方法所束缚，这意味着创造性劳动思维要用新的思考程序和思考步骤进行试探和尝试。同物理学中的惯性一样，人的大脑思维也存在着思维惯性。一旦沿着一定的方向、按照一定的次序长期思考某一问题，当再次碰到相同或类似的问题时，还是会沿着上次思考的方向或次序去思考，从而形成一种相对固定的思维模式，即思维定式。思维定式尽管可以帮助人们利用已有的方法快速解决问题或形成良好的秩序，如遵守交通规则和按次序排队等。但是，思维定式会将人的思维方式局限在已知的、常规的解决方案上，促使人们沿着思维惯性的方向去行动，从而阻碍了创造性劳动的产生。正如法国心理学家贝尔纳所说，构成人们学习的最大障碍，并不是未知的东西，而是已知的东西[①]。因此，创造性思维的首要特点就是独创性，要突破已有的思维定式，或是在思路的选择，或是在思维的技巧，或是在思维的结论上，都有着史无前例的独特性，在一定的范围内，都是首创性和开拓性的。

2. 灵活性

创造性劳动的思维方式、方法、程序、途径等都没有一个固定的构架，其没有既成的思维方式，也没有固定的思维程序。创造性的思考是指在思考问题的时候，可以快速地从一种想法转移到另一种想法，能够变换视角看待同一问题，可以根据不同的对象和条件，灵活应用各种思维方式，多方位地探究解决问题的方法，从而创新思维活动就会表现出不同的结果或不同的方法、技巧。例如，人们印象中的咖啡厅一般都被界定为一个休闲的场所，在星巴克等咖啡品牌的引领下，咖啡厅以白领第三空间的形象出现在市场竞争格局中，体验、休闲、社交是咖啡厅的固有形象。因此，大多数咖啡厅通常环境很好，空间很大，很有小资情调和风格。但是在上海的南阳路上有一家只有 2 平方米空间的咖啡店——Manner Coffee，店中不设座位，只卖外带咖啡。尽管空间狭小，但是这家咖啡店售卖咖啡的口味一点不比品牌咖啡店差，而且种类齐全，小小的窗口每天都排起长长的队伍，每月收入超过 10 万元。Manner Coffee 的不同之处就在于性价比，在这里小杯的拿铁只要 15 元，大杯 20 元，这个价格比附近的咖啡店便宜了 50% 左右，但品质却一点都不差。通过转变传统咖啡店的经营思路，Manner Coffee 取得了成功，成为了上海的一家网红咖啡店。

---

① 赵晓明，宋秀英. 生物遗传进化学［M］. 北京：中国林业出版社，2003.

3. 非逻辑性

创造性思维活动具有开放性和灵活性，它的发生伴随有"直觉""灵感""顿悟"之类的非逻辑思维活动。通常情况下，由于不同的人、不同的时间、不同的问题和不同的对象，创造性思维活动是有很大的特殊性和随机性的。人类关于创造性劳动思维和创造性劳动的成功范例验证了"灵感""顿悟"等非逻辑思维活动在创造性劳动思维中的不可替代性。只有捕捉灵感、实现顿悟，创造性劳动才可以取得空前的突破性进展。举例来说，牛顿发现并提出了重力定律，就是由苹果落地这一现象引发的灵感及其在此基础上顿悟开始突破的。但需要注意的是，创造性思维的过程，一般既包含逻辑思维，又包含非逻辑思维，是两者相结合的过程。为何只有牛顿看到苹果落地才突发灵感提出万有引力定律呢？原因在于牛顿在此前已经深入学习、研究了伽利略关于潮汐现象和地球运动的思想，并受到开普勒行星运动三定律的启发，而且观察和思考了很多反映地球引力的现象，才能够对苹果落地的现象产生深刻的感悟，并在这种灵感的基础上通过多年的研究完成万有引力定律的发现和概括。

4. 不确定性

创新思维以现实的活动与对象为起点，但其所指向的不是已有的事物，而是一种尚未被认识与实践的潜在事物。创造性思维的对象，要么是那些刚进入人类实践领域，还没有被人类所认知的事物，人们只是对它的存在状态进行推测，要么就是那些尽管已经有了某种认知，但是还没有彻底的认知，并且还可以在深度和广度上进行更深入认知的事物，这两种事物毫无疑问都具有潜在性。因为创新思维活动是一种对未知事物的探索，所以它会受到许多因素的制约和影响。例如，事物的发展和本质暴露的程度、实践的条件和水平、认识的水平和能力等。这也就意味着，创新思维并非每一次都会成功，有时会变得无用，甚至会得出错误的结论。例如，100多年前，美国莱特兄弟提出要造飞机，比空气重的东西要飘在空气上，这是不是可行？在当时的知识条件下，也是不确定的。第二次世界大战期间，美国要研制核武器。核裂变能不能产生那么大的能量爆炸？这在当时也是不知道的，只有在新墨西哥实验成功之后，才能说这是可能的。同样，以苹果手机为例，当乔布斯提出要用多点触控技术来替代键盘时，这个技术也是高度不确定的，包括苹果公司的技术专家都不看好，但最终苹果手机取得了成功。

（三）创造性劳动知识

知识是思维能力的一个关键部分，它是人们在实践中不断累积而成的认识结果，人们在使用和处理这些知识和信息的时候，所进行的一系列的思想活动就是思维。因此，人类要想进行思维活动离不开各个类型的知识，这些知识与人类思维结合从而在不同领域不同时空形成新的理论知识。

创造性劳动与简单的重复性劳动不同，在创造新产品、新技术、新方法、新想法或新理论的过程中，不可避免地要建立在对一定知识的掌握之上，在对现有知识的消化、吸收和加工过程中，可以产生新的、史无前例的应用价值。创造性劳动的完成绝非偶然，人类的创造性思维只有在知识的积累达到某种程度后，才有可能产生。如果只是对事物有一些粗浅的认识，那么零散的知识就很难为创新思维提供条件，可见创造性劳动必须建立在一定的知识积淀的基础上。

"知识创造理论之父"野中郁次郎将知识分成显性知识和隐性知识两种类型。

显性知识指的是能够明确用数字、语言、图表和实物等加以表达或传播的知识，可以通过口头传授、教科书、参考资料、期刊、专利文献、视听媒体、软件和数据库等方式获取。大学生在校学习过程就是一个相关专业显性知识的获取和接收过程。

隐性知识或默会知识指的是一种主观的看法或情感，难以从具体情境中剥离出来，是一种不能被编码的知识，只有通过非正式的学习行为和程序来获得。

野中郁次郎认为，显性知识和隐性知识共同组成了知识的共同体，彼此不断地碰撞从而产生新的知识。创造性劳动过程就是一个通过隐性知识和显性知识二者之间的互相作用、互相转化而形成的螺旋上升的知识转化和知识创新过程，即 SECI（Socialization、Externalization、Combination、Internalization 的缩写）知识螺旋模型[①]。

四、大学生创造性劳动能力培养要求

作为人类最基本也是最重要的生存方式，劳动不仅是培养人、塑造人的重要手段，也是实现人的解放和自由全面发展的根本途径，其具有树德、增智、强体、育美的综合育人价值，同时也是充分利用知识并将其系统化的重要手段和根本途径。

在实践中，只有将正确的劳动价值观、端正的劳动态度、优良的劳动品德、良好的劳动习惯与从事创造性劳动所必须具备的知识、技术、智力等因素有机结合，才能将劳动技能转化为劳动成果，源源不断地创造财富、产生价值。

大学生作为中国特色社会主义事业的建设者和接班人，培育和提高创造性劳动能力首先要确立正确的价值导向，理性地认识自己的专业和未来将要从事的行业与岗位，把个人的要求与社会发展的要求相结合，在此基础上通过专业知识的学习和实践锻炼不断提升创造性劳动能力。

（一）树立创造性劳动正确的价值导向

观念决定行为，确立何种劳动价值观念，将直接影响到人们对待劳动的态度与行为。大学生培养和提升创造性劳动能力，要在学习专业知识的同时逐步理解和形成马克思主义劳动观，树立正确的劳动价值观，厚植热爱劳动、热爱创造的情感态度，培养辛勤劳动、诚实劳动、创造性劳动的优良品德。

1. 树立正确的劳动价值观

劳动者对自己的劳动价值的理解，即劳动价值观，它对他们的价值判

---

① [日] 野中郁次郎，竹内广隆. 知识创造的公司 [M]. 北京：科学技术部国际合作司，1999.

断、情感取向、行为选择有直接的影响。劳动价值观念一经确立，就变成了人们"先入为主"的观点、态度，演化为人们的一种思维模式、一种行为习惯，并且对人们的理想信念、价值取向、思想境界、道德规范、行为规范起到了一定的作用。

在培养和提升大学生的创造性劳动能力时，要与历史唯物主义的教育相结合，通过对劳动科学知识的学习，使大学生有一个深刻的理解：是人民创造历史，是劳动创造未来。劳动是人类社会发展的基本动力，要真正认识到，财富和快乐都来源于劳动，真正体会到，在劳动创造过程中，将自己的理想与祖国的前途以及将自己的生命与民族的命运紧密地结合在一起，让自己扎根于人民之中，感受为国家服务的幸福。比如，邓稼先28年来致力于核武器的研制，从原子弹、氢弹的理论突破、实验成功，到新型武器的研制，都作出了重要的贡献。对一些重要的理论问题，以及一些探索性的研究，都有他的指导。他为国家的国防科技事业鞠躬尽瘁，隐姓埋名，甘当一名默默无闻的人。他为中国的国防事业奉献了自己的智慧，奉献了自己的幸福，奉献了自己的生命。他和其他老一辈科学家为我们的国家、民族留下了一块不朽的丰碑。正是在这种劳动价值观的指导下，无数的科研人员将个人理想与祖国命运、个人抱负与民族复兴紧密地结合在一起，将爱国之情和报国之心融入祖国建设的伟大事业之中，融入人民创造历史伟业的伟大奋斗之中，从而使创造性劳动的价值得以实现。

2. 厚植真挚情感

劳动情感态度反映了劳动者的个性心理特点，它是劳动者在某种劳动价值观念的指导下，经过长期的劳动情感经验而产生的一种较为稳定的对待劳动的心理倾向。新时代下的劳动情感态度教育，既要强调对劳动的热爱，又要强调热爱创造、善于劳动。因为热爱劳动、热爱创造是立业为人的根本，是实干兴邦的基石，更是富民强国的动力。大学生培育热爱劳动、热爱创造的情感态度，一方面，要培养热爱劳动者的真挚情感，真正做到任何时候任何人都不能看不起普通劳动者，都不能贪图不劳而获的生活；另一方面，通过专业的学习和实际的训练，培养创造的意识，提高创造的思考能力，构建科学合理的知识系统，掌握创造的方法和技能，培养"热爱创造"的真诚感情。

3. 培养优良劳动品质

辛勤劳动、诚实劳动、创造活动等本身就有其内在的逻辑性。辛勤劳动是诚实劳动、创造性劳动的前提和基础。"一勤天下无难事""民生在勤，勤则不匮"，这些中国人自古秉承的劳动信念在新时代依然熠熠生辉，坚持不懈，不贪图安逸，不畏惧困难，不埋怨天，用自己的努力和汗水，开创自己的生活和事业，依然是新时代大学生需要发扬的美德。诚实劳动是辛勤劳动的表现，也是创造性劳动的前提。创造性劳动是劳动的发展，是劳动的核心，是劳动的基本要求。因此，大学生要深刻理解新时代的劳动者"不仅要有力量，还要有智慧、有技术，能发明、会创新"的道理，要向科学家学习，向工匠学习，向劳模学习，要心怀理想，脚踏实地，刻苦学习，锐意进取，敢为先锋，敢于创新，不断谱写新时代的劳动创造之歌。

（二）掌握创造性劳动必需的知识与技能

创造活动需要一定的知识、技术和技能，才能以知识为基础。在大学生中，除了要通过对各方面知识的学习，建立起一个合理、完整的知识体系之外，还要将新知识、新技术、新工艺、新方法的应用作为重点，以及在实践中培养和锻炼综合运用这些知识、技术、技巧的能力。

1. 构建合理完整的知识体系

基本知识、专业基础知识、专业知识三种类型的知识，它们共同组成了大学生的知识结构的基本框架，并相互支撑。创造性劳动的完成，除了要有一定的专业知识外，其他方面的基础知识、专业基础知识也起到了很大的作用。一些同学可能认为，大学学习既然有经管法类、文史哲类、教育学类、理工类、农学类、医学类和艺术类等专业的区别，而且将就业作为自己的主要目标和方向，所以就将注意力集中在对专业知识的掌握上，基础理论的知识可以学也可以不学。在各类基础知识中，对专业基础知识的偏重程度比较高，而对其他各类基础知识则有所忽略在大学中也是寻常可见的。有的学生认为，基础知识是指与自己所学专业有关的基本知识，而不包括社会生活中的一些常识类的事实现象类知识、作为思维方法的哲学知识、规范人们行为方式的伦理道德和政策法规知识等，其结果就是知识面狭窄，基础知识薄弱，学习活动局限于某一专业领域，缺乏必要的基础理论知识修养，不利于创造性劳动能力的提高。由此可见，要想让大学生更好地从事创造性劳动，就必须对基础知识、专业基础知识、专业知识等有一个全面的认识，只有这样，才能建立起一个合理而完备的知识系统，才能为创造性劳动的实现奠定坚实的基础。

2. 注重新知识、新技术、新工艺、新方法的应用

随着科学技术的快速发展，以互联网、大数据、云计算、人工智能、区块链、物联网等为代表的新知识、新技术、新工艺、新方法不断涌现，使劳动者的工作环境和工作方式发生巨大变化。生产、管理、研发、销售等不同的工作岗位对劳动者素质和技能水平的要求不断提高，越来越多的重复性的熟练工作岗位将被智能机器所取代，劳动者的人机交互能力、灵活处理各种实际问题的能力以及创新创造能力变得越来越重要。而且互联网将不同领域的信息有效连接起来，将生产、流通、服务等环节打通，更有利于培育出新产品、新模式和新业态。"互联网+"不仅催生了技术创新、产品创新，还带动了商业模式创新、平台模式创新、服务模式创新、盈利模式创新、机制创新、文化创新、运营模式创新和观念创新。因此，大学生要紧跟科技发展和产业变革的步伐，准确把握数字经济时代劳动工具、劳动技术、劳动形态的新变化，不断扩充和完善自身知识体系和结构，在学习和生活中培养和树立互联网的思维逻辑，不断提升创造性劳动能力。

3. 在实践中培养创造性解决问题的能力

实践教学（包括实验、实习、实训等环节）是深化课堂教学的重要环节，是获取、掌握知识的重要途径。在这些内容中，实验教学是课堂理论教学的一种辅助手段，通过实验能够深化学生对课堂上所学到的理性知识

的理解，从而达到将感性知识与理性知识融合在一起的目的；实习指的是专业教学阶段性的认识性实践教学，它是理解专业知识、熟悉专业设备、掌握操作技能的一个必不可少的实践环节，它可以帮助大学生更好地理解与自己专业相对应的岗位、所从事工作的内容以及对工作人员的能力与素质的要求；实训是对包括单项能力和综合技术应用能力进行的训练，是应用型实践教学，经过实践训练，学生能够获得在该行业中所应具备的基本操作技能，以及在该行业中所应具备的基本技术应用能力。因此，大学生应通过实验、实习、实训等实践教学提高动手能力。只有通过在做中学、做中思、做中行，才能真正切身体会"纸上得来终觉浅，绝知此事要躬行"的道理，只有这样，才能持续地提升自己在实际工作中应用专业知识和技巧，以及在实践中进行创新解决问题的能力，才能做到将理论与实践紧密结合，为日后走向职场奠定基础。

（三）在创新创业中提升创造性劳动能力

在国家提出高等教育创新战略的同时，高校毕业生也逐渐融入了社会的发展和进步之中，成为了以创新驱动发展、大众创业、万众创新为己任的一支重要力量。大学生应该充分利用好学校为他们提供的创新创业平台，在创新创业过程中培养他们的创造性劳动意识，掌握他们的创造性劳动思维，把他们的创造性劳动知识应用到创新创业实践中，并在实践过程中对各种创造性劳动的方法进行试验，最终对自己的创造性劳动能力进行培育和提升。

在此需要说明的是，大学生在开展创新创业教育时，千万不要陷入"只有创业才是创造性劳动"的误区，也不要以为只有创业成功才算创造性劳动。创新教育以培养学生的创新意识、创新思维、创新能力为目标，注重培养学生的想象力、问题意识和批判精神。创新精神不仅体现在创业的过程中，还体现在科技与文化各个方面的创造中。创业教育旨在提高学生对社会经济的认识，特别是对新产业、新业态、新技术发展、新商业模式的认识，使他们可以对商业机会有一个敏锐的把握，进而把所学到的知识运用到社会的生产发展实践中去，促进产业升级，促进经济社会的发展。虽然我们提倡大学生进行创新创业，但是高校的创新创业教育并非要求每一个大学生都要当"老板"，更多的是要培养他们的创造力。

大学生基于所学专业知识通过创造性劳动发明的"皮影表演机器人"就是一个典型案例。皮影戏是中华优秀传统文化，随着传统手艺流失，现在会操作皮影戏的人越来越少。为了拯救这项中国非物质文化遗产，西安电子科技大学王浩然等同学在英特尔灵动处理器平台上，结合自主设计的数字控制机械系统，实现了皮影戏录制和皮影戏机器人自动演出，这个项目获得"英特尔杯""挑战杯"等一系列大奖。可见，创造性劳动不是少数人的专利，也不是高不可攀的；创造性劳动不分成就高低，它体现在生活的点点滴滴当中，既可以是新产品、新技术的突破，也可以是工艺、过程或者体验改进上的创意。因此，无论是否会选择创业的道路，每个大学生都应努力在"互联网＋"时代乃至今后任何快速变化的时代中，通过创造性劳动创造属于自己的价值，为社会创造更大的价值。

第四章　新时代劳动精神

本章内容为新时代劳动精神，依次介绍了劳动精神、劳模精神、工匠精神三方面的内容。

第一节　劳动精神

劳动精神是一种存在于劳动者心灵深处，并在劳动实践中得以表现的精神品质。其中，"崇尚劳动""热爱劳动""勤奋劳动"和"诚实劳动"是其主要内容。

一、劳动精神的科学内涵

劳动精神是人类劳动中的一种，是人类劳动中的一种。"人们为了能够'创造历史'，必须能够生活，但是为了生活，首先就需要吃喝住穿以及其他一些东西。因此第一个历史活动就是生产满足这些需要的资料，即生产物质生活本身。"①所谓"生产生活的物质"，即指的是物质的生产，即劳动。劳动是一种特殊的、具有"全面性"的活动，"整个所谓世界历史不外是人通过人的劳动而诞生的过程"②。劳动精神的基本内涵是人们在劳动过程中所秉持的劳动观念、劳动态度、价值理念以及所表现出的精神状态、精神风貌、精神品质等，它可以说是将历史唯物主义的真谛完全地表现出来。

劳动精神是一种"人"存在的精神内涵，它既包含了对劳动的价值判

---

① 马克思，恩格斯. 马克思恩格斯文集：第 1 卷［M］. 中共中央马克思恩格斯列宁斯大林著作编译局，译. 北京：人民出版社，2009.

② 马克思，恩格斯. 马克思恩格斯文集：第 1 卷［M］. 中共中央马克思恩格斯列宁斯大林著作编译局，译. 北京：人民出版社，2009.

断，也包含了人对劳动的态度。在资本主义的生产环境下，它遵循的是资本的逻辑，资本家拥有生产资料，而劳动者却什么都没有，为了获得生存，劳动者被资本家雇佣，广大劳动者的劳动被资本家所占有，雇佣劳动变成了资本增值的来源，人与自身的劳动、自身的类本质都发生了异化。在社会主义生产条件下，遵循的是劳动逻辑，劳动者共同占有生产资料，从而首次实现了在生产资料占有关系上的平等。在共同的劳动过程中，劳动者可以创造出自己的物质财富和精神财富，从而实现自己的价值，让自己的个人发展得到满足。从这一点来看，社会主义的劳动自然包含着劳动的幸福与欢乐。

二、劳动精神的本质特征

一个民族或一个国家，如果没有了劳动精神，就等于没有了发展的动力，可以从以下几个方面来理解劳动精神。

（一）以马克思主义劳动观为理论基础

劳动作为人类社会发展的出发点，其在社会发展中的重要作用不容置疑，社会需要重新审视其价值，寻求一种科学的方法来实现。

首先，劳动创造了人类本身，劳动是人类发展的助推器，人类在每次的劳动中，都会体现出劳动精神，并产生劳动成果。其次，人的历史是由人的劳动所创造的。随着人类社会的发展，劳动精神的内涵将越来越丰富。马克思认为人类的历史都是建立在劳动基础上的，没有劳动，历史就不可能发展。而且，劳动可以产生财富。在艰苦的劳动过程中，人类创造出了丰富多样的物质资料，为人们的生活提供了保障，并且在持续的实践过程中，还会产生出劳动精神。在不同的时代背景下，这些在不同的时期所形成的、有着不同特点的劳动精神，都能够推动人类的发展。最后，劳动对人的自由发展也有促进作用。每个劳动者都应该养成一种积极的劳动心态，在劳动中获得快乐，这是一种实践劳动精神的方式，也是共产党人所肩负的一项重大任务。

（二）劳动实践始终以人民为主体

在具体的生产实践活动中，要坚持"以人为本"的理念，才能更好地实现劳动价值。在劳动精神中，对劳动者的地位进行确认，对所有的劳动者给予尊重，使劳动者获得了更加强大的幸福感，达到了劳动与共享的统一。

劳动者可以自己创造财富。一个国家的强弱取决于人民的强弱，其强盛，在于其人民强盛；其弱小，在于其人民弱小；一个国家能够取得今天的成绩，与各个行业中那些辛勤工作的劳动者有着密不可分的关系。正是因为有了他们的努力才能持续创造出更多的财富，给社会的发展带来更大的动力，也推动了社会的改革。由此可见，劳动者对于一个国家的发展来说是不可或缺的，劳动精神具有很大的价值。劳动者在生产活动中会产生价值，并与他人共享生产成果，从而达到共同发展的目的。所以，在实践劳动精神的过程中，要以人民的需要为目标，让所有劳动者通过劳动都能感受到光荣，共享改革的成果，感受劳动的价值。

（三）坚持劳动精神的价值引领

"劳动精神"既是新时期的一种文化诉求，更是一种精神需要，是每个劳动者必须具有的一种精神。劳动精神蕴含着丰富的文化元素，它已经成为实现中国梦的一种文化价值取向，也是民族向前发展不可缺少的推动力量。劳动精神证明，在多种因素的综合作用下，社会主义文化依然能够保持公正性和合理性，它同样是人们必须遵循的行为准则，是社会主义精神建设的重要支撑。从这一点来看，有了劳动精神，就会对劳动产生一种高度的认同，并能深刻地感受到劳动精神的文化。

三、新时代劳动精神涵盖的内容

（一）崇尚劳动

在新时代，"以人为本"的劳动精神，体现了对劳动精神的尊重。尊重劳动，是中国人民自古就有的优秀传统，并一直延续到今天。在中国的意识形态中，存在着许多崇尚劳动、提倡劳动的优秀思想，它们把劳动与人的身体健康、社会的物质财富创造紧密地联系在一起。举例来说，在《论语》里有"劳其民""择而劳之""劳而无怨"等观点。

提倡劳动，首先要有科学的认识。在马克思主义理论的指引下，在中国共产党的领导与组织下，中国十几亿人实现了民族的独立与解放，实现了"人民当家作主"，树立了"最光荣的劳动者"的理想。

通过对劳动创造社会财富的论述，尤其是对劳动铸就中华民族光辉历史的描述，以及对劳动观念的提倡，建立了新时代人们对劳动价值的认识，并明确了崇尚劳动的时代要求。新时代是一个具有中国特色的社会主义事业迅速发展，社会发生急剧变化的时代。新时代的劳动精神是以"崇尚劳动"为内涵的，它的针对性强，指向明确。崇尚劳动，首先就是要树立起正确的劳动观，让人们对劳动有更深的了解，并把它当作个人生活和生产活动的核心内容，把它看作是个体存在的内在价值追求，也是社会发展的根本基础，通过对劳动在个人及社会生活中的基础性作用的培养，形成了一种以劳动为中心的价值观念。其次是要形成一种尊重劳动，尊重劳动者的思想和社会风气，形成人人参与劳动、人人是光荣劳动者的良好氛围，让尊重劳动、推崇劳动者成为风气，让劳动者过上有尊严的像样的生活，拥有崇高的社会地位。用最光荣、最崇高、最伟大、最美丽来描述新时代的劳动和劳动者形象，从而树立起正确的劳动概念，这是对劳动的赞美的具体表现。

（二）热爱劳动

在新时期，"爱劳动"是对劳动精神的一种情感选择。把热爱劳动当作新时代劳动精神的主要内容之一，它既有明显的针对性，又有明显的现实性。劳动是人类最根本的生存方式和发展方式，它所产生的物质财富和精神财富，不但可以给人们提供对物质资料的需要和满足，还可以给人们提供一种在精神上的追求和收获，让劳动者在工作中拥有获得感、幸福感、满足感。所以说，热爱工作是一种职业、生活和生存的正确态度。在新的历史条件下，对劳动的热爱是一种新的感情趋势，也是一种新的价值，它是指人作为劳动主体，对劳动所产生的一种正面的心理趋向和正面的情感态度，是一种从心底深处对劳动的热爱和追求。所谓"爱劳动"，就是劳动者对自己的劳动有一种积极的、深切的感情。中国特色社会主义已经步入了新时期，这要求我们要提倡热爱劳动，着重于工人能够用社会主义的精神来看待劳动，并将劳动视为自己应该承担的责任和荣誉。

热爱劳动就是指要主动参与到生产劳动当中，在劳动过程当中，要对自己的主观能动性进行充分发挥，要投身劳动、爱岗敬业，为中华民族伟大复兴作出自己的贡献。人们对劳动的喜爱，是由于工人的需要，他们可以用劳动来获取物质需求，并可以用劳动来满足精神需求，同时，人类社会也可以用劳动来繁衍生存，来发展进步。马克思对劳动"自主活动"图景的描述是："成为生活的第一需要。"在劳动的过程中，人们能够有意识地利用自己的身体和智慧，得到预期的财富积累、能力增长和价值增值，并在其中感受到劳动创造的快乐和劳动活动的丰富多样性。

从某种程度上讲，作为人的"第一需要"的劳动，是人实现自由和全面发展的原动力。在资本主义的私人财产制度中，劳动的"强制活动"导致了人的本性的异化，劳动变成了违背工人预期与付出的"异己"的力量，这种劳动给工人带来了痛苦与厌恶。也就是说，在资本主义社会中，工人们的劳动更多的是一种不自觉的强制劳动，他们不可能对这种不自觉的被压迫的劳动产生一种发自内心的爱。社会主义是创造劳动精神的根本前提，也是使人自觉地发挥出来的唯一途径。社会主义提倡自由和自觉地劳动，劳动是令人愉快的一项活动。在将来的共产主义社会，人对劳动的热爱既是一个必要又是一个充分的前提，同时又是对人的自由和全面发展的必要条件。虽然，它已经不能作为一种生活的工具，但它仍然是人类生活的一种客观的、充分的和必然的需要，它必将在整个社会中广泛地存在着，人人从事，人人都需要它。

劳动是人最根本的行为，劳动光荣，创造伟大，它是对人类社会发展与文明进步的一种解释。正如前面所说，是劳动造就了人类的社会，也造就了人类的历史。恩格斯说，站立着走路使猩猩摆脱了它们的手，使它们由猩猩变成了人类，"劳动创造了人本身"①。人们用劳动来完成自己的价值，在劳动的结果中凝聚着人的价值。在劳动过程中，他们认识自己、发现自己，并在自己的生产劳动过程中，他们可以从中得到一种成就感和一种收获感，这是他们自身价值和社会价值的一种表现。因为价值实现所造成的正反馈和正向激励，会让工人对劳动产生一种正面的情感认同，从而让他们能够持续地为劳动付出更多的劳动，从而催生并生成一种热爱劳动的情感、意愿和期待。也就是说，通过劳动所获得的物质结果和精神上的满意，可以更好地激励人们的工作热情，提高他们的工作积极性。所以，在生产价值的过程中，劳动使人类的思维得到了升华。

（三）辛勤劳动

在新的历史条件下，辛勤工作是一种新的实践形态。中国人是一个勤于劳动、善于创造的民族，他们高度重视"民生在勤，勤则不匮"的思想。在保障和发展人民生活的过程中，勤劳劳动是最根本的，它是一种融入了勤谨务实、善作善成的中华民族血液当中的优良素质。辛勤工作是脱离贫穷最稳妥的方法，也是唯一能创造财富的方法。中国共产党一百多年的奋斗历程，与人民的辛勤劳动密不可分，每一个时期的成功，都是靠着党的领导，靠着人民的辛勤工作而获得的。

在中国特色社会主义新时期，艰苦劳动作为一种实际的劳动，体现着工人的劳动方式，是中国在新时期实现经济社会发展的必要因素和必要的前提。"空谈误国，实干兴邦"，所谓"实干"，就是脚踏实地，勤勤恳恳，只有这样，才能成功，才能兴国。将大力倡导勤劳工作与经济和社会发展的实践相结合，不仅在实践上有很强的指导意义，而且在意识形态上也有很强的说服力。

---

① 马克思，恩格斯. 马克思恩格斯选集：第 3 卷［M］. 中共中央马克思恩格斯列宁斯大林著作编译局，译. 北京：人民出版社，1995.

党的二十大报告清楚地提出要把我们的工作做得更好，团结起来，把我们的国家建设成为一个社会主义现代化强国，实现我们的第二个百年奋斗目标，并以中国式现代化为核心，全面推动民族振兴。中国特色社会主义的伟大目标，是以艰苦奋斗为先决条件，只有艰苦奋斗，我们才能把中国特色社会主义和中华民族伟大复兴事业做得更好。中国特色社会主义已经走到了新的阶段，随着我国经济和社会发展水平的持续提升，人们的物质生活条件也在持续地提升，与此同时，我国的工人们的工作环境和工作条件也在相应地产生了明显的改变。不管劳动条件怎样改善，社会分工怎样精细，人民对劳动的看法和感情都是劳动中不可缺少的精神要素，不能为了提高生产技术水平和劳动条件的改善，而懈怠松散，形成了好逸恶劳、松弛拖沓的坏习惯，甚至抛弃了辛苦工作的优良品质和精神风范。

勤奋劳动是劳动精神的具体内涵，也是劳动精神的实际需要，它是一种人们应该坚持的行为状态和实践准则。辛勤劳动指的是各行各业都要精心投入，辛勤敬业，敢于付出辛苦和努力，在不同的工作岗位上，对不畏艰辛、勤于创造、精益求精的"工匠精神"进行锻造和培养。

（四）诚实劳动

诚实劳动——新时代的劳动道德准则。诚实劳动与尊重劳动、热爱劳动、努力劳动是一致的，坚持诚实劳动，不但为劳动者提供了劳动的态度和标准，还对劳动者实施劳动的道德准则进行了明确。

诚信劳动是指劳动者可以坦诚自觉，真实负责，安全守法地参与劳动，进行劳动实践，从而养成诚实守信，恪守规矩的道德品格。"诚实守信"是人们对待劳动、参与劳动的一种积极的态度，是人们在劳动活动中的实际需要。

新时代劳动精神的提出，不仅是继承了此前的社会主义劳动观，也是对当前关于劳动新问题的解答。在新时代的劳动精神中，对诚实劳动进行了倡导，它不仅与经济和社会发展的客观实际有着紧密的联系，而且还代表了现代经济运作体制的基本要求。在中国特色社会主义新时期，人民要实现自己的梦想，创造自己的辉煌，就必须以辛勤的工作为己任。"诚信"的"劳动精神"是一种很强的实践导向。但在经济和社会快速发展的过程中，劳动领域也出现了一些不好的现象。

一方面，出现了拜金主义、享乐主义、极端个人主义和历史虚无主义等错误思潮，对人民的意识形态造成了很大的腐蚀，对个人利益的过分关注，妄图通过违法和不合法的方式获得巨大的利益；另一方面，由于日益多元化的经济形态，特别是新型的网络经济，还没有得到及时的、行之有效的规范和制约，这使得在新的经济形态和商业领域中，守诚信、讲信用、求诚实的道德底线遭到了严重的冲击。因此，我们一定要对劳动领域中的不诚实现象给予足够的关注。非诚实劳动不但会对他人的劳动成果造成损害，还会对系统的劳动市场和良好的劳动环境的形成产生不利影响，对人们对劳动的推崇和喜爱造成影响。

鉴于这一点，我们应该对那些不劳而获、投机取巧、损人利己的不诚信的行为进行全面的批评和纠正；要坚决反对破坏中国特色社会主义事业，反对人民群众的不正当行为。

新时代的劳动精神，对中国人民的劳动价值取向和劳动行为准则进行了规范，它反映出了人民对诚信守诺、无欺无虞、遵信实干的劳动关系的需求。将诚实劳动当作是劳动精神的一部分，也是劳动行为的一项标准，它不但对推动生产劳动起到了积极作用，还能给社会带来更大的发展，对构建和谐的劳动关系起到积极的作用。在思想逻辑中，诚信劳动是创造一个好的工作环境的重要因素，它的实质是对在资本逻辑下拜金主义和极端个人主义的对抗。唯有让每一位劳动者都以一种现实的态度来看待劳动，把诚实劳动当作个人劳动的行为标准，才可以创造出一个公平、公正的劳动环境，以及一个相互信任、互利的劳动关系，从而切实保护好每一位劳动者的合法利益。此外，只有把诚信作为劳动的先决条件和依据，劳动的行为才能被看作是一种高尚的行为，而劳动的价值也才能被人们所认同。所以，在新时代下，要大力发展劳动精神，就必须加强企业在市场经济条件下的诚信观念。唯有勤恳、踏实、坚持不懈，我们的中国梦才能真正实现。

四、新时代劳动精神的精神实质

劳动不但创造了物质财富和物质文明，还创造了精神财富和精神文明。在开展物质生产劳动的过程中，人类也在对自己的精神的认识与追求进行着形塑和强化，从而提高自己的精神层次和精神境界。劳动精神是劳动观念的升华，是劳动价值追求的升华，是劳动状态的升华，也是劳动实践的升华。在中国特色社会主义发展到新时期，以改革、创新为主要特征的劳动精神，是中国共产党在这一时期所创造出来的一种精神，它在中国共产党的思想文化体系中占有举足轻重的地位。弘扬新时期的劳动精神，既与社会主义精神文明的发展方向相一致，又与社会主义先进文化的发展方向相一致。

（一）新时代劳动精神是中国共产党精神谱系的时代内容

中国党的精神谱系是中国共产党的基本思想，它反映了中国党的政治理想和党的价值观，是在革命、建设、改革以及推进中华民族伟大复兴的实践过程中，孕育并发展、提倡并弘扬的一系列的典型精神。

中国共产党的精神，其自身的思想内容和鲜明的时代特点，均源于对马克思主义、共产主义的信仰，以及对实现和建设社会主义的追求。多种精神之间相互联系，连贯一致，将中国共产党的精神面貌和价值观融合在一起，是党的优秀传统和作风的集中体现。中国共产党一百多年的奋斗史镌刻着一段辉煌的历史，那就是劳动精神的生成和发展。在党的带领下，全国广大的工人群众与国家保持一致，在不断地努力中，创造出的劳动精神，是中国共产党精神谱系的一个不可缺少的组成部分，而且它还在自己的实践中得到了进一步的充实与发展。

随着中国特色社会主义事业的发展，劳动精神已逐渐形成了中国共产党人的一种内在的道德修养与政治性格，它体现出中国共产党人崇尚劳动、热爱劳动、勤劳劳动、诚实劳动的优良素质与优良的历史文化底蕴。它是伟大的创造、奋斗、团结、梦想等精神在社会生活中的具体表现。可以说，在中国共产党百年奋斗的历史进程中，"劳动精神"始终是中国共产党的优良精神，是中国共产党成为工人阶级的杰出代表的一种价值观。

（二）新时代劳动精神是以改革创新为核心的时代精神的生动体现

新时代的劳动精神是在中国特色社会主义的伟大实践中孕育并发展起来的，它不仅是一种以爱国主义为主要内容的民族精神，而且是一种以改革创新为主要内容的时代精神。

时代精神是人类社会在一定的历史发展阶段涌现出来的一种基本精神，它是由人类社会的生产实践以及社会的政治发展模式所决定的。时代精神是历史实践的结果，它是一个社会经济基础发展到一定阶段，上层建筑受到了一定程度的影响，并释放出了自己的内部张力。时代精神是一种进步的、积极的、主动的精神，它一般是指在某个时期，处于支配地位的阶级或政治集团所做出的、有引领性的、指向性的重要思想选择和精神倾向。

在中国共产党建设中国特色社会主义的伟大事业中，改革与创新是国家发展之魂、社会发展之源，它是反映中国共产党重大实践抉择的一种思想标志，也是凝聚中国社会与中华民族共同价值观的一种核心。以改革创新为主要内容的时代精神，是抛弃旧模式、开创新思路、开创新路子与新局面的根本精神，它是中国特色的社会主义建设的坚强的精神支撑和强劲的力量。中国共产党在新时期、新局面、新道路上，带领数以百万计的劳动者，以艰苦奋斗、锐意创新、勤奋务实、无私奉献为己任，开创了新的时代精神，并在我国改革开放、建设中国特色的社会主义现代化建设过程中，不断地培养和发扬着劳动精神。

中国特色社会主义已经步入了新的时代，在中国共产党的带领下，广大的工人和建设者们要勇敢地去克服困难，要去开创新的事业。在这个过程中，新时代的劳动精神文明，焕发出了旺盛的时代生命力和强劲的精神力量，始终保持着与时代同步发展，勇于开拓创新。在劳动精神的引导与鼓舞下，千千万万的人民在实现中国梦的过程中，奋发图强，勇往直前，奋力拼搏，勇攀高峰，他们在实现全面建设小康的过程中发挥着重要作用。

当前，国际形势正在发生着一场百年未有之大变局，而我们国家又处在实现中华民族伟大复兴的重要时刻，中国特色社会主义的建设已经步入了一个新的发展阶段。在新的发展阶段，劳动是推动中国特色社会主义建设取得新成就、取得新进展的重要力量，是中国在新的历史条件下，实现新的发展和新的发展的重要保证。劳动不仅可以创造出精神财富和物质财富，还可以对时代现状与时代风貌进行重塑。提出并提倡新时代的劳动精神，是以现有知识为依据，并以此为依据，所提出的一种具有创新性的时代观点，同时指出了它的时代意义和现实价值。

新时代的劳动精神，是以改革创新为中心的时代精神的鲜活表现，是促进生产力全面解放和发展的必然要求，是适应社会主义创新型国家的建设需要。要完成我们的历史任务和奋斗目标，必须依靠我们的努力去宣传和实践劳动精神。千千万万中国人民的艰苦奋斗和创新精神，发扬了新时代的劳动精神，发扬了其具有的时代适用性与实践取向。因此，新时代的劳动精神在我国建设社会主义现代化国家、实现中华民族伟大复兴中有着无可取代的作用。

（三）新时代劳动精神是社会主义精神文明的内在要求

社会主义精神文明建设是中国特色社会主义建设的必然要求。社会主义精神文明包括了推动社会主义事业健康发展的思想、政治、道德观念和社会面貌等内容，为物质文化的发展提供了一种精神力量，同时也为物质文化的发展提供了一种方向保证。加强社会主义精神文明的建设，可以为广大群众的进步，提供坚强的思想保证、强大的精神动力、丰富的精神食粮。不管是在社会主义的物质文化方面，还是在社会主义的精神文化方面，都需要劳动。从创建精神文明的角度来看，通过劳动可以塑造道德，提高智力，增强体质，培养审美情趣。新时代的劳动精神与社会主义精神文明的内部要求相一致，它展示了社会主义的精神面貌，增强了人们的信仰和信心，铸造了生产劳动的道德准则。

首先，体现社会主义新时代的精神风采。树立良好的社会形象，是构建社会主义精神文明的基本要求。新时代劳动精神对形成劳动光荣、崇尚劳动的社会风尚，以及精益求精、勤勉劳动的社会风气起到了积极的作用，让全社会对劳动者的价值创造给予认同和肯定，让劳动光荣、劳动伟大成为新时代高昂雄壮的思想主调和精神主旋律。在劳动精神的鼓舞下，广大劳动者用自己的智慧和汗水，推动中国特色社会主义事业的发展，继续发扬劳动是最光荣、最崇高、最伟大、最美好的社会主义精神，这与社会主义精神文明的时代需求和价值取向是相一致的。

其次，要坚定人民群众的信念和信仰。劳动精神给社会主义建设者们带来了强大的思想动力和精神动力，让他们更加坚定了自己的劳动信念，并引领着他们把吃苦耐劳、艰苦奋斗的精神状态投入到具体的生产劳动中去。在人民不断增长的美好生活需求与建设社会主义现代化国家的艰巨使命面前，要充分利用新时代劳动精神的引导功能，让劳动者的自我意识得到更大程度的提高，从而帮助实现全体人民的美好生活需求以及实现第二个百年奋斗目标。

最后，铸造了一套适合于生产的准则。在中国特色社会主义发展到新时期，我们国家的物质生活得到了极大的改善，同时我们的精神文化和道德标准的功能也得到了突显。社会主义主要矛盾的变化、劳动者的工作条件、工作方式的变化，使我国的社会经济与就业状况有了显著的变化。因此，要构建新生产业态与新劳动形态相促进、相结合、相匹配的劳动道德准则。新时代的劳动精神包括了对当前劳动领域中所呈现的新趋势、新情况和新问题的解答，它可以让整个社会都能够促进劳动正义的传播，还可以帮助人们建立起正确的劳动观，加强劳动模范的带头示范效应，确保广大群众自觉地把社会主义核心价值观念融入自己的生活中，把勤劳、诚实和创造性劳动转化为自己的行动。

（四）新时代劳动精神是社会主义先进文化的价值指向

社会主义先进文化，具有强大的生命力，是人类文明进步的必然趋势。社会主义先进文化既能反映出一个时代的精神，也能催生出一个时代的精神。新时代的劳动精神与社会主义先进文化的发展方向是相吻合的，同时也符合先进文化的价值规定性。

自从进行了改革开放之后，我们国家的经济和社会得到了迅速发展，在整个社会的范围之内，我们的思想观念已经出现了明显的改变。在社会价值取向方面，我们的思想观念正在逐渐多样化。新时代的劳动精神，可以引领人民建立起正确的劳动观、价值观，从而推动人民在正确的道路上不断前行。

在这个令人振奋的新时期，在劳动精神的指引下，每个劳动者都有机会去完成自己的人生目的，去创造自己的幸福生活，去用自己的勤劳劳动来获得自我发展。对劳动者及其政治权利的认识，是社会主义与资本主义的一个重大差异。在对劳动的认知方面，尽管劳动在人类的历史中一直起着举足轻重的作用，但是劳动，特别是体力劳动，却一直没有得到足够的关注。在资本主义的生产方式中，工人的工作既是与人的自由时间相矛盾的，也是一种制度上的异化。

在社会主义社会中，不存在人与人之间的地位高低的区别，无论是人力还是智力，都得到了完全的尊重，受到了平等的尊敬。社会主义社会是一个劳动者当家作主的社会，劳动人民既是中国特色社会主义的建设者，又是它的享有者。

新时代劳动精神的先进性主要通过劳动者阶级身份和政治角色的改变来体现出来，这一点具体表现为：承认劳动群众在历史发展中的主体地位，把人民群众看作是历史的真实缔造者和推动者，是人类物质和精神文明的创造者；对劳动者给予充分的尊重，并保护他们的经济和社会地位。这是一种弘扬新时代劳动精神的必然要求，它与资本主义社会对待劳动的态度以及劳动者所处的位置都有很大的不同。从这个角度来看，新时代的劳动精神是明确承认了劳动人民的主体地位，它与人类社会发展的基本方向相一致，也与社会主义先进文化的价值规定相一致。

五、新时代高校大学生劳动精神培育的路径

在新的时代中，国家的富强、民族的振兴，都与大学生的劳动密不可分。因此，对大学生的劳动精神进行培养具有十分重大的意义。在这一过程中，可以从家庭、学校、社会、国家四个层次对大学生的劳动精神进行培养。

（一）制度是培育大学生劳动精神的根本保障

培养大学生的劳动精神，是一个长期的、科学的、系统的教育工作，它要求各方协同努力，保证两者之间的有效联系，从而产生一种育人的合力，让大学生的劳动精神得到全面的培养，而要做到这一点，就必须要在体制上对其进行更好的顶层设计，以及更好的组织领导。由于其具有强制性、规范性和普遍性三个方面的特点，所以，建立完善的劳动保障体系，是强化劳动教育、培育劳动精神的关键。

第一，要通过制定有关的有关劳动教育的法律、规章来培养高校学生的劳动意识。现在，已经将劳动教育纳入到了教育法之中，而且我国还制定了与劳动教育有关的意见和指导纲要。但是，仍然有必要就劳动教育进行专门的法律监督，将其规定清楚，并加强每一所学校在劳动教育方面的执行能力。

第二，要建立完善的经费保障体系来培养高校学生的劳动精神。经费是对大学生进行劳动精神教育的根本保证。因此，我国应当对培养大学生劳动精神的资金投入和运用机制进行完善，并且把劳动精神教育费用纳入到了学校的年度财务预算经费中，建立了劳动精神教育专项科研经费、学生劳动精神教育活动专项经费，并对资金的利用进行提升，与此同时，还可以为高校对劳动精神教育经费的利用，提供一个系统的支持和一个方向

的指导。

第三，对督导评价系统进行了改进和完善，这是一项培养大学生劳动精神的重要举措。在培养大学生的劳动精神方面，很难对其进行定量。因此，要构建一套基于劳动教育理论和实践的监督评估体系，对劳动教育理论和实践的学时进行明确。这样能够督促学生在一定的期限内完成劳动教育学时的学习，加强他们对劳动教育的了解，让他们能够学以致用，还可以在实际教学过程中，利用他们的理论来指导他们的实际操作。此外，老师还要将现代的教学手段与劳动实践相结合，打破"灌输式"的教学模式，使同学们在快乐中学习，在学习中思考，在思考中感悟。

（二）社会风尚是培育大学生劳动精神的正向引领

培养高校学生的劳动精神，必须要有一个好的社会风气来引导，为此我们要在整个社会中，大力提倡和发扬劳动精神，营造出一种新的时代风气。当今，高校大学生拥有一个很好的生活环境，他们拥有着非常丰富的物质生活条件，这些都为当今时代大学生的发展创造了非常有利的条件，但是这也很可能会造成他们对劳动与劳动精神的理解不够深入。所以，要建立一个良好的社会风气，让大学生们在一个充满了劳动气息的环境中去感悟，这也是培养他们的劳动精神的一个主要途径。如果要营造出劳动光荣、劳动崇高、劳动伟大的社会风气，就必须重视将劳模精神和工匠精神的影响充分发挥出来，从而对大学生产生影响。

教师要对劳模精神的引导效应进行深度的发掘，利用劳动模范和工匠们所表现出来的爱岗敬业、砥砺创新、精益求精的素质和精神，来激发新的时代大学生们对劳动充满热情的内在动力，加强他们对劳动精神的情感认知和价值认可，激励他们主动参与到工作中来，让他们在工作中获得满足感、幸福感和尊严感。与此同时，高校要重视组织劳动模范和工匠们走进学校，走上讲台，展开现场宣讲活动，以激励当今时代的大学生勤奋学习、刻苦钻研，练就扎实的技能，让他们立志成为一名优秀的人才，用自己的实际行动来贡献给国家，回馈社会。

此外，大学应加强对劳动专题的宣传教育，可以与五一国际劳动节、志愿者日等节日相结合，开展主题明确、内容丰富、形式多样的劳动教育活动，要帮助大学生们，坚定地建立起"只有奋斗的人生才称得上幸福的人生"的劳动观，要对劳动表示尊敬，对劳动表示高度的重视，对劳动充满热情，用自己的劳动来打造美好的生活。

（三）高校是培育大学生劳动精神的重要场域

在培养大学生的劳动精神过程中，学校起着举足轻重的作用，同时也要担负起很大的责任。学校既是教育教学的一个主要阵地，又是培养学生劳动精神的一个主要阵地。在大学专业的劳动教育和思政课程的整个过程中，都要对大学生进行劳动精神的培养。在大学中，以劳动课为载体进行劳动教育，是培养大学生劳动精神的基本途径之一。所以，教师要开设一门把劳动教育作为主题的劳动必修课，对劳动课程的内容进行合理的优化，让大学生在理论上对劳动精神有一个清晰、准确的理解。

与此同时，专业性的劳动教育是将特定的劳动实践作为其外延的，从而将劳动精神转变成了主体的行为。思想政治教育是贯彻立德树人的重要环节，在对高校学生进行劳动精神培养时，要充分发挥思政课的作用。

具体地说，在思政课的教学规划中，要将劳动精神教育的内容充分融合进去，重视对思政课的协同育人效应。并且，在实践过程中，思政课老师要积极地将劳动精神与思政课的教学内容相结合，向学生们讲解劳动精神的内涵，并充分利用自己周围的劳动榜样，讲好中国故事，运用好校园讲台，使理论和实际相融合，思政小课堂与社会大课堂相结合，加深学生对劳动精神的认识。同样，在培养学生的劳动精神方面，课程思政也是一个重要途径。

在大学里，每一门课程都具有着对学生进行教育的作用，不能将教育工作只局限于思想政治理论课，每一门课程都要积极地担负起对学生进行教育的重任。为此，各学科应在教学中充分发掘其思想政治内涵，并与其专业特色相结合，使其具有"温度"和"厚度"，从而使学生更好地理解其内涵，在培养学生的劳动精神方面起到积极的推动作用。

（四）家庭是培育大学生劳动精神的重要场所

家庭虽然是一个人生命中最微小的单位，但是它却会对一个人产生终生的影响。在高校学生中，家庭对他们的劳动精神起着最全面的作用。孩子属于家庭中的一部分，父母是孩子的第一任教师，父母对孩子的影响具有潜在的意义。家庭对学生产生影响的因素，不仅仅是父母与学生之间的角色，还有家庭的环境和氛围。同时，在青少年发展的各个时期，家长对青少年的影响也是无可替代的。

父母与子女之间的关系，是一个重要的家庭关系。大部分的孩子都在一个家庭中的中心位置，在家庭中，所有的事情都是围绕着孩子的健康发展和他们的教育学习展开的，家长们常常会因为疼爱自己的孩子，而对自己的孩子进行过度的保护，这就导致了许多家长把自己的孩子及家里的大小事情都包揽了下来，没有让孩子亲自参加到家庭的构建中来，很可能会让他们产生一种不劳而获的想法，从而他们会缺少劳动意识和责任担当。

因此，家长要改变自己的理念，为孩子做好表率，注重对孩子的指导。家长的语言、习惯、行为等都会对孩子价值观的发展一定的影响。所以，家长要重视劳动，尊重劳动，热爱劳动，让孩子明白，幸福要靠勤奋劳动和努力拼搏来获得。此外，父母要让学生在家里做自己力所能及的家务活，对学生不良的行为要进行及时的改正和指导，对学生积极的劳动行为要进行称赞和激励，以此来提高学生的独立意识和自主能力，让学生在劳动过程中感受到劳动的价值，逐步建立起自己的劳动意识，从而培养出大学生的劳动精神。

第二节　劳模精神

一、劳模精神概述

劳模精神是中华民族传统文化的重要组成部分，它体现了人民群众的劳动态度，是党对全国各族劳动人民的政治要求和殷切期望。弘扬劳模精神，尤其是新时代劳模的高尚品质和职业情操，不仅是时代的召唤，更是历史的必然，它激励着全国各行各业的社会主义建设者，振奋精神，勇于创新，不断推进"两个一百年"奋斗目标的实现，为实现中华民族伟大复兴的中国梦提供了强大的动力。

（一）劳模与劳模精神

1. 劳模

劳模是一种被广泛认可的榜样，他们是在劳动中表现出来的优秀代表，他们以自身的行为和思想为榜样，以自己的行动为标准，在各个时期的生产劳动和建设中涌现出来，是经过层层推选审核评比后，被各级党委、政府认可并授予劳动模范证书或先进生产者证书的人群。通过评选劳模，可以看到一个具有典型性的劳动者形象，这将激励我们增强自信和决心。劳模是时代的标志，他们的行为和言论为我们的社会带来了积极的影响。虽然他们的外表平凡，但他们的精神却是无价的。

2. 劳模精神

（1）劳模精神的含义

劳模精神是一种源自劳动的精神，它不仅反映出劳动的本质，更体现出劳动者的先进性，是推动社会发展的强大动力。劳模精神源于劳动，也是劳动者的行为准则，它以实际行动表达出来，激励着每一位劳动者追求更高的目标。劳模精神是一种极具影响力的精神，它激发了人类内在的智慧与潜力，为社会发展作出了重要贡献，推动着历史的发展。劳模精神中的顽强拼搏和自强不息的精神是实现目标、实现梦想的基础。伟大的事业需要伟大的人民的共同努力，而伟大的人民又需要伟大的精神来激励和推动，只有这样才能实现相互促进所提倡的理想。劳模精神以勤奋努力、无私奉献、勇于担当为核心，为人民创造更加美好的生活，为国家带来更加繁荣昌盛的未来，这是中华民族几千年来不断进步的重要体现。

（2）劳模精神的生成

劳模精神是中国社会发展的重要组成部分，它不仅与时代同步发展，而且具有深厚的理论基础和文化基础。马克思主义劳动理论为其提供了理论支撑，中国特色社会主义先进文化为其提供了强大的文化支撑，使其在中国社会发展的历史进程中得以持续发展。

马克思主义的劳动理论为劳模精神提供了坚实的理论基础，它认为劳动是人类最根本的生产和社会实践活动，是人类发展的原动力，也是人们追求财富和价值的重要手段。因此，要想真正领悟劳模精神，就必须从深刻理解劳动的本质出发，以及思考如何通过有意识的劳动来获得更多的收获。

马克思指出："人们自己创造自己的历史，但是他们并不是随心所欲地创造，并不是在他们自己选定的条件下创造，而是在直接碰到的、既定的、在过去继承下来的条件下创造。"①劳模精神不仅仅是基于主观心理状态而产生的，更是在特定的文化背景下形成的一种独特的精神力量。

劳模精神是中国传统文化的重要组成部分，它源于中国特色社会主义的伟大实践。这种精神深植于中华优秀传统文化中，并在当今社会中得到广泛传播和发展。"敬业乐群、踏实勤勉"的勤奋、拼搏、创新、奉献精神

---

① 马克思，恩格斯. 马克思恩格斯选集：第 1 卷 [M]. 中共中央马克思恩格斯列宁斯大林著作编译局，译. 北京：人民出版社，1972.

与劳模精神形成了一种完美的统一，它们构成了劳模精神发展和创新的历史文化基础。

劳模精神源于中国共产党的革命文化。在中国共产党的领导下，中国人民进行了反抗压迫和剥削的斗争。这些斗争产生了井冈山精神、长征精神和延安精神，它们影响了一批又一批的人，鼓舞他们勇敢地面对困难，并将这种无畏精神融入他们的思想，在实际行动中不断发展。近代中国的革命斗争，不仅展现了劳模精神的熔铸，更是中华文化振兴的象征，激发了民族自信心。在当今这个充满机遇、挑战和机遇的时代，我们应该建立一个民族性、科学性、大众性的社会主义先进文化，让其能够自由地追求自我价值。而劳模精神是一种独特的社会主义先进文化现象，它的发展将推动社会主义文化的不断进步。

（二）新时代劳模精神的内涵

随着中国特色社会主义事业进入新时代，中国劳模精神不仅延续了过去年代的精髓要义，也展现出新时代的内涵和实践方向。当代中国劳模是社会主义改革开放和建设中优秀劳动者的榜样，他们以自己的行动和热情，激励着成千上万的普通劳动者坚守理想信念，勇于创新创造，以主人翁的姿态，无私奉献，宁静致远，为实现中国梦作出了重大贡献。

1. 爱岗敬业

爱岗敬业是劳模精神的核心内涵，它不仅仅是一种责任感和敬畏态度，更是一种勇于接受挑战、不断进取、追求卓越的精神品质。它不仅仅是一种职业操守，更是一种责任感和使命感。过去，我们对敬业精神的理解往往局限于职业道德和伦理，认为它是一种对职业的热爱、尊重、敬畏，以及忠诚于职守、无私奉献、不断进取的精神状态。但是，爱岗敬业精神更深层次地体现了人类存在和发展、社会和谐稳定以及国家前途的重要性。爱岗和敬业互为前提，相互支持，相辅相成。爱岗是敬业的基石，敬业是爱岗的升华，这些足以显现爱岗敬业在劳模精神中的价值内涵。

爱岗敬业的精神是社会职业道德的基础和核心。爱岗，就是热爱本职工作；敬业，是爱岗的升华，是对工作的一丝不苟，高质量地完成工作；奉献，就是给予付出，不计得失，为社会和他人服务。爱岗、敬业、奉献，是普通而崇高的道德情操。在普通的岗位上，默默无闻地付出爱心和耐心，从平凡的工作中找到一种蓬勃向上的精神力量。劳模精神映照的就是这样一种催人奋发的精神与动力。

爱岗敬业是一种不可替代的精神，它不仅是个人生存和发展的必要条件，也是社会发展的基础。无论在哪个时代，爱岗敬业都是一种重要的价值观，它能够激励人们勇于担当，为社会作出贡献，为人类发展作出贡献，劳模精神的价值追求正在于此。爱岗敬业诠释了劳动模范的自身价值，符合社会发展的根本要求。在崇尚务实精神的当代社会，爱岗敬业尤为重要。每个人都渴望获得荣耀，并尽可能地实现自身的价值。要让这些梦想变为现实，就必须在平凡的工作岗位上坚持爱岗敬业。这是一种道德修养，也是人类社会中最普遍的奉献精神，它看似简单，但却具有极高的意义。职业和工作岗位对于个人的生存和发展至关重要，它们不仅仅是一种基本的资源，更是人类社会发展的必要条件。

2. 争创一流

追求卓越是当代劳模的精神支柱，它能够激发出无穷的竞争力、战斗力和爆发力。然而，在实际工作中，许多人却只能仰望"标兵"，无力抗争，而"追兵"却只能屈服于它，在面对困难时，他们却无力振作。

深入探究这些现象的根源，最重要的是缺乏劳模精神所体现的勇于挑战、不畏艰辛、坚韧不拔、追求卓越的精神，缺乏勇于开拓创新、勇于攻克困难的勇气，缺少勇于担当、勇于超越的精神。在中国特色社会主义建设和改革开放的历史进程中，劳模们不断提升自身竞争意识，敢于拼搏，努力成为各行各业的先锋。他们不仅要与过去、本单位的同事比较，还要与国内外业内同行比较，谁领先就向谁学习，以求取更大的成绩。广大劳模应该充满危机意识、责任意识、紧迫意识和使命意识，振作精神、坚定信心、充满活力，用无畏的勇气和进取的态度，勇于挑战，用领导的风格和拼搏的激情，在竞争中实现自己的价值，并在推动中国特色社会主义事业的发展过程中绽放生命的光芒。当今，若无努力追求卓越的精神，劳动者的精神将无法获得竞争优势，也无法获得战斗力，更无法激发出强大的活力，这将使当代中国的劳动者精神陷入沉寂。市场经济是一个充满竞争的环境，因此要想取得成功，就必须拥有一流的技术、管理、产品、品牌、服务、信誉和口碑，以及勇于开拓进取的精神，这是现代社会主流思想所要求的。只有这样，才能够树立行业标杆，实现市场经济的发展。当代中国劳模不应该满足于自我封闭，而是要勇于接受挑战，努力追赶先进水平，他们应该珍惜荣誉，继续努力，争取成为一流。用工人阶级的优秀品格和模范行动来激励和鼓舞全体人民再创佳绩。

改革就像逆水行舟，若不及时调整，就会被淘汰。在改革开放的深入推进中，我们应该向劳模学习，学习他们的危机意识、拼搏精神，努力提升自身的工作表现，抵制负面情绪，维护中国劳动者的尊严和自信，让中华民族以更加昂扬的姿态屹立于世界东方。

创造一流是当代劳模的高尚情操，要求他们以更高的标准和目标来实现。这就需要他们树立自信心，振奋精神，勇于挑战，追求卓越，以更高的起点谋划，更高的标准定位，更高的质量落实，更高的效率推进，在谋划上超越他人，在行动上快人一步，在措施上更加坚决。

高尔基曾经说过，一个人追求的目标越高，他的才能就会提升得越快，对社会就越有益[①]。作为当代中国劳模精神的灵魂，争创一流不仅是一种思想意识，更是劳模充分发挥主观能动性、创先争优的内在动力，也是一种思维方式，激励劳动者勇往直前、拼搏进取，更是一种行动目标，激励劳动者不断前行，追求卓越，实现梦想。"高、精、尖"是一座灯塔，指引着劳模们追求卓越的成就，激励和鼓励那些在中国特色社会主义建设中表现出色、取得突出成就的劳动者。古人云："欲成事必先自信，欲胜人必先胜

---

① 岑耀. 名人趣闻［M］. 广州：花城出版社，1992.

己。"劳模们是推动全面建成小康社会的先锋力量，他们不断提升自信心，激励劳动者勇于挑战困难，带动团队和行业实现更高的标准和目标，最终使国家达到了更高的水平。精神上的支撑是推动这些工人和发明家不断创新的动力，他们致力于追求卓越的伟大品质。

3. 艰苦奋斗

艰苦奋斗的精神是中国工人阶级伟大品格的发扬，也是劳模精神不断吸纳新能量的结晶。强调劳模精神，不仅是对中华传统文化的尊重和传承，更是对我党坚持不懈的革命传统和社会主义建设时期的艰苦奋斗精神的继承和发扬。时刻不忘继承中国工人阶级的优良传统，发扬劳模精神，这是中国共产党总结革命和建设、改革开放时期的劳动概括出来的一条十分宝贵的经验，也是党在新时期领导人民实现中国梦的征程中必须始终坚持的一条基本经验。在新时代，我们需要更多的劳动模范的出现，并且弘扬伟大的劳模精神。为了实现这一目标，必须在整个社会中大力宣传艰苦奋斗的精神。

艰苦奋斗是劳模精神的要求。劳动模范是劳动群众的杰出代表，我们在工作中积极奉献、努力拼搏、争创一流，这是伟大时代精神的生动体现，也是劳模精神的优良传统。这一传统催发了广大工人阶级的工作热情，坚定了工人阶级的信念，为我国的繁荣富强贡献了伟大的工人力量。新时期的艰苦奋斗精神具有以下要求。

（1）要坚持以国家利益和人民利益为重中之重，勇于担当历史使命，提升责任感，坚持艰苦奋斗的精神，拥有强烈的主人翁意识。把"经济新常态"的发展理念融入中国经济发展中，以创新驱动的发展模式，推动中国经济的持续健康发展。在这个充满活力的时代，我们更需要广大人民群众以坚定的信念和责任感，把自己视为国家的主人，勇于担当，不断奋斗，为国家作出贡献。劳动模范更应该拿出勇气和毅力，担当起历史使命，为国家发展提供精神动力。随着新时代的到来，当代劳模们拥有了与时俱进的精神，他们拥有强烈的责任感，致力于推动国家的快速、稳定、健康发展。只要他们认真工作，勤奋努力，即使是在普通的工作岗位也能取得非凡的成就，可以在这个广阔的舞台上展现出自身的价值。

（2）艰苦奋斗精神要具备忘我劳动、爱岗敬业和创新的品质，这是劳模精神的中心。随着时代的飞速进步、科技的飞速发展、社会的飞速进步，劳模们以其独特的精神风貌，继承和弘扬着劳模精神的光荣传统，为中华民族的伟大复兴和社会的进步作出了重要的贡献。在新时代，艰苦奋斗精神是推动社会生产力和经济稳定增长的重要动力，它要求人们以忘我的劳动、爱岗敬业的精神，勇于创新，乐于奉献，为实现社会的进步和发展而不懈努力。随着"大众创新，万众创业"的实施，我国应当充分发挥劳模精神，勇于探索创新，勇于挑战，激发创新和创业的活力，为推动我国经济的持续发展和腾飞提供强有力的支撑。

（3）在新时期，劳模精神是工人阶级先进性的重要体现，也是工人阶级担当主力军的重要保障。它强调要不断学习、艰苦奋斗，以求跟上时代发展的步伐，同时不断超越自我，不断提升自身能力，以实现自身价值，为工人阶级的发展和进步作出积极贡献。工人应该勇于挑战极限，不断学习新的技能、知识和方法，以适应社会的发展，与时俱进，实现自身的价值。只有工人的思想与时代的发展吻合，才能步调一致、一同进步，为我国的发展贡献自己的力量。

4. 勇于创新

创新在劳模精神的发展过程中具有重要的作用，它推动着劳模精神不断发展、与时俱进。同时劳模精神作为创新的动力支撑，推动着各项工作勇于创新，实现新的突破。每一名劳动模范都在自己的工作岗位上努力创新，用自己的劳动成果服务于人民、服务于社会。勇于创新是劳模精神的内涵，是劳模精神的组成部分。

勇于创新是马克思主义的实践向度和理论品格。马克思主义认为，创新是人类独特的活动，是一种有意识的、充满智慧的实践，旨在促进人类自由、全面发展，推动社会变革和进步。它不仅仅是一种存在方式，更是一种精神力量，可以改变世界，推动社会发展。马克思主义认为，创新是一种有意识的、有计划的行动，旨在改变客观事物的本质、特征和功能，以实现创新主体的利益最大化和自我解放，并满足人们的需求。创新是一种极具挑战性的实践活动，它不仅需要投入大量的时间和精力，而且还需要耗费大量的脑力劳动和体力劳动，这使得它的成本远远超过了一般的实践活动。然而，它也带来了巨大的经济价值，因为它可以创造出更多的财富。通过创新活动，我们可以推动人类的自由和全面发展，并且更好地展示人类的潜在力量。

科技驱动发展是我国的发展战略，中国在不断变化的历史环境中，积极探索和融入当今社会的实践，从而形成了独具特色的科学创新思维。中国的科学发展战略延续至今，并且紧跟时代步伐，勇于探索、勇于创新。习近平新时代中国特色社会主义思想的核心内容之一就是推动科技进步，这一思想不仅体现了马克思主义的中国化，也为我们提供了一个更加全面的视角。自改革开放以来，我们一直致力于培养人们的创新精神，使之成为我们的追求。勇于挑战传统，不断探索新的可能性，是当代中国劳动者的精神支柱，也是其中的核心价值。

推崇勤奋创新、敢于担当的劳模精神，是中华民族复兴的必然选择。党的十九大强调，创新是推动发展的重要推手，是构筑现代化经济体系的重要基础。自改革开放以来，中国经济取得了长足进步，跃居全球第二大经济体。鉴于当前国内经济发展的复杂性，政府积极引导，将我国经济发展调整到新的常态。为了应对经济增长放缓、产能过剩、劳动力不足等挑战，科学技术已成为促进经济增长的关键因素。另一方面，随着全球科技竞争的加剧，新一轮的科技革命和产业革命也正在悄然而至。因此，我们必须把握机遇，加快科技创新、管理创新、产品创新、市场创新的步伐，以期达到更高的经济效率。

在当今这个充满创新的时代，社会主义建设者和劳动者必须把握关键技术，学习并弘扬劳模们的勇于创新的精神，以此来推动科学技术的发展，为国家的未来发展和人民的生活福祉带来更多的可能性。为了推动科技发展，我们努力培养一大批具备国际竞争力的战略性科技人才、科技领军人才、青年科技人才以及高素质的创新团队，打造一支拥有丰富知识、熟练技能、勇于创新的劳动者大军，以此来支撑科技创新的发展。同时，我们也要弘扬劳动模范和工匠精神，营造劳动光荣的社会氛围，激励每一位员工不断进取、追求卓越。为了实现中华民族的伟大复兴，中国必须加快科技进步，努力成为全球科学研究的领导者和创新的源头。我们比以往任何时候都更加渴望实现这一目标，更加迫切地建设一个世界级的科技强国！

当代中国劳模以其先锋模范的精神，不断探索科学技术，积极拓展创新思维，勇于挑战，不断提升创造力，利用互联网技术和信息化手段，取得了显著的成果，为中国特色社会主义现代化建设作出了重要贡献。

5. 淡泊名利

淡泊名利是中华民族传统美德的重要组成部分，它不仅体现在中国传统文化中，更是劳模们精神上的追求。从他们登上中国历史舞台开始，他们就以淡泊名利的态度来追求自身的理想和追求，为当代中国劳模精神的发展作出了巨大的贡献。时传祥是一位勤奋的掏粪工人，他曾受到毛泽东、刘少奇、周恩来等党和国家领导人的接见，但他并没有因此而自大，也没有因此去炫耀和交换什么，而是继续在自己的岗位上努力工作，不断提升自己的能力，为实现共和国的梦想而不懈努力；袁隆平是一位杰出的劳动模范和道德楷模，他把自己的全部精力投入到杂交水稻上，致力于解决中国人的粮食问题，并且无私地将杂交水稻的专利权捐赠给了国家，他的精神和行为堪称一代人的榜样，但是袁隆平仍然穿着 35 元的衣服，在水田里勤勉耕耘，不辞辛苦。2004 年度感动中国致袁隆平的颁奖词写道："他是一位真正的耕耘者。当他还是一个乡村教师的时候，已经具有颠覆世界权威的胆识；当他名满天下的时候，却仍然只是专注于田畴，淡泊名利，一介农夫，播撒智慧，收获富足。他毕生的梦想，就是让所有的人远离饥饿。"2008 年，袁隆平在回应当年落选中国科学院院士一事上说道："我努力并不是为了当院士，当时我的态度是如此，现在依然如此。我当选美国科学院外籍院士也是人家推选的，我的目的不在于院士不院士。我是搞超级杂交水稻的，我的目的就在于能够不断出新成果，为粮食安全作出贡献，那就是我最大的安慰。"袁隆平的劳模精神深深打动了我们，他不仅拥有敬业奉献的精神，更有爱国爱民的情怀，他把名利抛诸脑后，宁静致远，令人敬佩。

随着时代的发展，中国社会的现代化水平已经大幅提升，人们的思想观念和道德标准也得到了显著改善。正确的名利观会影响和铸就高品位和高格调的人。新时代，我们要学习继承老一辈劳模谨守本分、淡泊名利的精神境界，甘于寂寞、淡泊自守、不求闻达的豁达态度，弘扬当代中国劳模精神。

6. 甘于奉献

劳模精神的另一内涵就是甘于奉献。每一个劳动模范都甘于奉献、勇于担当，并把这一准则作为自己在工作岗位上的行动指南。甘于奉献诠释了劳动模范不辞辛苦、甘愿付出的大爱，体现了劳动模范不求回报、不为名利的社会主义现代化工人的精神品质。

哲学家黑格尔说过："追求真理的勇气，相信精神的力量，乃是哲学研究的第一个条件。人应当尊敬他自己，并应自视能配得上最高尚的东西。精神的伟大和力量是不可以低估和小视的。"[1]甘于奉献是一种精神，更是一种力量，二者合一，构成了劳模精神的内在动力。人可以先满足自己，在满足自己之后实现更大的价值，就是为社会、他人服务。劳模精神就是要营造这样的氛围，在这样的文化氛围之中催人奋进，实现个人更大的社会价值，使每个人拥有为人民服务的精神。

奉献是一种无私的精神，它不求回报，但却能给予他人无限的快乐。甘于奉献，就是以无私的爱心和无私的付出，去追求一种至高无上的人生

---

① ［德］黑格尔. 小逻辑［M］. 贺麟，译. 北京：商务印书馆，1980.

追求，去实现一种至善至美的精神境界，去推动社会进步，去激发一种强大的精神动力。甘于奉献是劳动模范的优良传统，劳动模范把这一传统发扬、传承，运用到工作和生活之中，形成了"人人为我，我为人人"的良好风气，推动着劳模精神的形成。

甘于奉献是行动的指南，需要处理好大我与小我的关系。实现小我、成就大我，这其中有一个取和舍的关系。当我们面对问题、遇到挑战、需要奉献与付出时，能否舍弃小我、实现大我？能否给予别人帮助？当在工作岗位上遇到困难没有人能够承担，在危难关头没有人能够站出来时，就需要一种力量、一种精神，即无畏困难、舍弃小我、成就大我的奉献精神，这是劳动模范的特有精神。甘于奉献的精神蕴含在劳模文化之中，也是劳模精神的重要组成部分。甘于奉献在劳模精神中是一种潜移默化的持久力量，蕴含着强大的动力，让人更加热爱劳动。奉献精神在我们当今的社会发展中尤为可贵，在思想和意识形态多元化、信息多样化的背景下，市场经济的发展使每个人都很独立，很少有人愿意去分担别人的职责，去关注和自己没有关系的事情，而奉献精神无疑是使社会发展回归正轨的一剂良药。弘扬劳模精神就是要把劳模精神的内涵发扬光大，把劳模精神的价值放大，让人们知道劳模精神对当今社会发展的有利作用，对培养人、塑造人的价值。甘于奉献蕴含在劳模精神中，弘扬甘于奉献的精神就是对劳模精神的最好诠释。

甘于奉献的精神是一种态度，是一种责任担当，必须不断努力提升自己，增强自信心，因为自信是一种活力，是支撑生命的重要动力。甘于奉献的精神需要的是真正的自信，不是自以为是、刚愎自用。自信能激励一个人对待工作的热情，在工作中变得自强、自立、自爱。甘于奉献的精神是一种实力，是人有所作为的基本要素。甘于奉献的精神蕴含着一种聚焦功能，是战胜困难、推动事业发展的基石，要成就一番事业，就要勇于担当、甘于奉献，拿出激情所能赋予自己的全部力量去有所作为。甘于奉献，意味着忠于事业、信守承诺、矢志不渝、艰苦奋斗，是勇敢品质和责任意识的统一。甘于奉献表现为不求回报、甘于承担、勇于作为。因此，劳动模范身上有一股干劲，有一种要把工作做到位的责任态度，在困难面前毫不退缩。只有勇于奉献、愿意付出才能体会人作为社会的有机体的价值，这也是奉献精神的本质。

只有勇于奉献，才能打破思想的束缚，解放思想，勇敢前行，不断克服前进的障碍，突破瓶颈，开创各项工作的新局面。要敢于担当、多做奉献，就要勇于想象，勇于创新，打开解放思想的总闸门，摒弃小富即安、小进则满的思维定式，瞄准更高的追求，确立更高的目标。在发展规划上要积极谋划，在发展政策上要勇于争取，在发展措施上要坚持实施，以无私奉献的精神，勇于超越自我，勇于开拓，不断前行。甘于奉献是一种可贵的品格，不是没有标准、没有道理、不守规则的奉献。甘于奉献是面对困难问题不退缩、面对责任敢承担、在危难时机敢出头的奉献，是敢于承担、愿意付出的行为，是一种大爱，是高思想、高境界的体现，这种奉献是对劳模精神最真的诠释，甘于奉献的精神实质是关键时刻敢作为的责任意识。

甘于奉献、勇于担当就要不论处境如何、不管成败如何、不管风险如何，我们都应该坚定地相信"办法总比困难多"，坚持不懈地完成自己的任务，勇于挑战困难，不畏惧失败，不言弃，敢于与"不行"抗衡，善于创造"能行"的机会，将困难变为有利，将无路变为有路，以最高的效率和水平完成自己的使命。对待工作要负责，对待问题要钻研，只要肯付出没有完不成的事情，甘于奉献的精神价值就体现于此。

劳动模范身上都具备这种不服输、敢作为的特点，这也体现了劳模精神的内涵。

甘于奉献的精神就是要有作为、敢承担、能吃苦、善做事。甘于奉献的精神体现在一代又一代的劳动模范身上，他们在自己的工作岗位上兢兢业业、一丝不苟，忘我地工作。他们为了工作、为了国家敢于献出宝贵生命，为了伟大事业敢于牺牲自我。这是一份投入、一种精神、一种力量，从而构成了劳模精神的独有内涵。

二、新时代劳模精神的特征与意义

（一）新时代劳模精神的本质特征

劳模精神不仅是一种优秀的品质，更是中华民族传统美德的象征，蕴藏着中华民族的智慧和勇气，反映了中华民族悠久的文化历史。随着时代的发展，劳模精神的内涵日益丰富，其本质也更加凸显，它是中华民族伟大精神的延续，是改革开放时代的象征，更是社会主义核心价值观的完美诠释。

1. 工人阶级优秀品格的体现

工人阶级是中国社会发展的支柱力量，是中国共产党的坚强后盾，他们推动着中国社会的进步，为国家和人民创造了更加繁荣昌盛的未来。劳动模范和先进工作者是中国社会发展的重要贡献者，他们的成就和贡献是中国社会发展的宝贵财富。

作为中国工人阶级中最耀眼的群体，一方面，在中国共产党领导下，他们勇于担当，不断开拓创新，无论是在革命、建设还是改革的历史时期，他们都是时代先锋和行动楷模，他们以辛勤劳动、诚实劳动、创造性劳动的精神，为国家和民族发展作出了重要贡献，他们的精神力量和先进性，将永远激励着我们继续前行，为实现中华民族伟大复兴的中国梦而努力奋斗。另一方面，他们拥有先进的思想和优秀的品质，这些都是时代的产物。他们天生具备这种责任感，并且把国家的发展和民族的复兴作为自己的使命，全身心地投入到各项事业中，不断探索、创新、勤奋、不计回报，无私奉献，从而实现了社会的进步，并将自身的抱负与国家的愿景、个人的抱负与中华民族的梦想紧密结合，为实现中华民族的伟大复兴而不懈努力。

2. 伟大中华民族精神的传承

中华民族拥有伟大的创新能力、不懈的奋斗精神、紧密的团结以及对梦想的执着追求。这四种精神恰如其分地展现了中国人民的特质，即勇于探索、勇于拼搏、团结协作、勇于实现梦想。通过创新、拼搏、团结和梦想，中华民族不断推动着伟大的历史进程，并在此过程中形成了伟大的精神：勇于创新、勤奋奋斗、坚定信念、坚韧不拔、坚韧不拔。其中，劳模精神更是对这些精神的一种传承和发扬。

一方面，劳模精神是中华民族伟大创造力和奋斗精神的最佳体现，它强调了主人翁意识和责任感，鼓励人们勇于创新，不断奋斗，不断进取；另一方面，作为人民的杰出代表，劳动模范更是展现出这种优秀的精神品质，为中国人民的发展和进步作出了重要贡献。20 多年来，南仁东以其不懈的努力和创新精神，建造了中国探测太空的"天眼"球面射电望远镜 FAST；而杨善洲退休后，仍然不辞辛劳，义务造林，绿了荒山，却白了头。他们是劳动模范的榜样，是中华民族优良传统的象征，是伟大创造精神和奋斗精神的继承者。回顾中国改革开放以来取得的巨大成就，中国网络、中国港口、中国高速公路、中国桥梁等，都是由于全国人民不懈努力，实现了伟大梦想的结果。梦想是推动我们前进的动力，但实现这一目标的关键在于各族人民团结一致，共同努力。只有拥抱梦想，才能形成互相支持的大家庭，才能建立中华民族的共同意识。新时代，为了更好地传承和实践劳模精神，我们必须在每个人心中播下团结与梦想的种子。

3. 改革创新时代精神的彰显

时代精神是一种深刻影响着国家和民族发展的思想观念、价值取向以及其所带来的文化气息，它不仅反映了当今世界的变化，也体现了我们民族的传统文化，更是一种集体意识，在国家发展战略中具有极其重要的作用。当今，改革创新已成为我国时代精神的核心，它不仅贯穿于改革开放的全过程，而且也深刻影响了社会发展，激发了社会活力，催生了一大批优秀的典范人物，他们以改革创新为指引，勇敢地走在时代前沿。

劳模精神是一种具有深远影响力的人文精神，它体现了当代社会的价值观、道德观和世界观，反映了民族精神和情感，是时代精神的最佳体现，是改革创新的有力象征。劳模精神不仅仅是一种文化，而是一种活跃的、可持续发展的文化，它随着社会主流价值观、国家意识形态和社会生活的变化而不断演变和发展。劳模在实践中体现出来的个性特质，代表着社会先进生产力的发展方向，引领着时代的进步潮流，凝聚着改革创新的时代精神，丰富和发展着时代精神的内涵，为社会发展作出了重要贡献。

（二）新时代劳模精神的意义

1. 生动诠释了社会主义核心价值观

社会主义核心价值观不仅体现了国家、社会和个人的价值观，也反映出当今时代的发展趋势，是每个公民都应当遵循的价值观，并且要求自身不断努力，以提升自身的素养。

社会主义核心价值观是中华民族传统文化的精髓，它要求全体公民遵守道德准则和行为规范，而劳模则是这一价值观的具体体现，他们展现出的劳模精神既是传统文化的精华，也是时代发展的结晶。不同时期的劳模精神都是社会主义核心价值观的重要组成部分，为实现社会公平正义和发展进步作出了贡献。社会主义核心价值观旨在建构一种完整、系统、具有深远影响的社会秩序，它既涵盖了社会公德，也涵盖了个人道德品质。其中，劳模精神蕴藏着热爱劳动、热爱生活、追求知识、勇于挑战、勇于创新的理念，它为我们提供了一种更加完善的社会生产环境和以实现社会主义核心价值观的最终目标，推动社会主义核心价值观的发展是一项艰巨的任务。因此，劳动模范们应该以自己的行动来树立榜样，不仅仅要弘扬劳动者的精神，还应该积极推动社会主义核心价值的普及，激励全民共同实践。

2. 丰富了民族精神和时代精神

民族精神源远流长，以爱国主义为核心，深植于中华民族的传统文化之中。而时代精神则以改革开放为核心，激励着中华儿女勇敢地走在前沿，勇敢地投身于社会发展的洪流之中，把自己的价值融入民族发展的进程中，从而推动中华民族的伟大复兴。民族精神和时代精神是推动国家发展的动力，是党和政府实现国家强盛的根本准则。

民族精神是一种深植于民族文化的核心价值观，它源自历史悠久的文化积淀，经过不断的演变、发展和演绎，最终形成了一种普遍的、具有深远影响力的文化理念。它不仅体现了人们的价值观、思维模式、道德准则，更体现了民族的传统文化、革新意识。几千年来，中华民族一直在不断发展壮大，从战火纷飞的战乱时期到如今的和平安宁，民族精神始终是我们民族发展的重要支柱。中华民族历经千年的演变，形成了一种以爱国主义为核心的团结统一、热爱和平、勤奋勇敢、不断进取的伟大民族精神。这种精神不断发展，与时俱进，开放包容，让我们共同谱写出一曲美丽的中华民族之歌。劳模精神是一种充满活力的精神，它体现了勤奋、勇敢、创新等优秀品质，为民族精神的传承和发展提供了强大的动力。劳模们以自己的行动和智慧，为民族精神的传承和发扬作出了重要贡献，成为了民族精神的先驱者和楷模。

随着时代的发展，时代精神已经成为一种不可或缺的精神，它与时代特色息息相关。每个时代都有其独特的经济、社会和文化特征，这些特征也为时代精神提供了深刻的内涵。在当今复杂多变的国际形势下，改革创新已经成为中华民族不可回避的重要任务。新时代精神是以改革创新为核心的，旨在满足人民对美好生活的追求，推动科技进步和生产力发展，为建设现代化国家提供强有力的支撑，使国家的发展成为新时代的特色。改革开放是中国共产党领导下的一项重大决策，它不仅是实现科学发展和可持续发展的必要条件，也是构建社会主义和谐社会的重要保障。通过创新，中国改变了传统的思维模式，打破了固有的方式，拓宽了发展道路，改善了环境，为国家发展注入了新的活力。创新是时代的精神支柱，不断探索和实践才能让我们的生活更加美好。因为，墨守成规已经不再适用，我们需要创造性思维和创新理念，只有不断创新，才能跟上时代的发展步伐。时代精神具有勇于挑战、勇于超越自我、勇于突破传统的特质，在新的形势、新的实践、新的任务和新的挑战面前，时代精神将不断探索出一条适合中国发展的道路，并且不断拓宽、拓远，以实现更大的发展。时代精神的核心是改革创新，劳模们以其勇于创新的精神，为时代发展作出了重要贡献，他们用自己的实践活动，为时代精神注入了新的活力，使之更加丰富多彩。

3. 劳模精神是劳动精神的积极体现

劳动是人类最重要的活动，也是推动社会发展的基础力量。作为新时代的创造者，我们应该树立正确的劳动观，即劳动是一种崇高、伟大、美丽的行为。中华民族历史悠久，从封闭落后的境地，到今天的新时代发展，实现了从贫穷落后到富强强大的伟大跨越，这是全体劳动者在中国共产党的领导下，经过艰苦卓绝的革命、建设和改革，取得的成就，是一步步实现的。

4. 劳模精神是培育时代新人的重要手段

新时代的新人应该拥有全新的思维模式、行动方式和目标，并且肩负起神圣的责任和使命感，将自己的梦想与国家和民族的梦想紧密结合，勇敢地追求自己的理想，实现自己的抱负。要实现劳动创造价值、锤炼人性，就必须以劳模精神为指导，勇于创新、甘于奉献，以国家富强、人民幸福为己任，把国家富强和世界进步作为前进的动力，投身中国特色社会主义建设的时代大潮中，勇于担当，勇于开拓，勇于创新，勇于奉献，不断推动社会发展，实现人生价值，将远大的理想变为现实。青年们必须在日常工作和学习中不断探索、求知若渴，努力提升自身能力，认识到自己肩负的责任，把握时机，不断努力学习，提升自身素质。随着国家发展的不断推进，当时的年轻人以其独特的精神风貌和责任感，在社会发展的历史进程中发挥着重要的作用。劳模们所具备的坚守、专注、严谨、求真、勤奋和奉献的品质，正是当今社会新一代应当具备的精神品质。通过对新一代的社会主义核心价值观和劳模精神的教育，可以帮助他们树立正确的人生观，正确认识社会责任，并且明确自己的人生目标。

三、劳模精神融入高校中的实现路径

（一）劳模精神融入高校思想政治教育的困境审视

1. 高校思想政治教育教学模式缺少针对性

不同的思想道德教育可以通过多种多样的教学内容和方式来传达不同的理念和价值观，而劳模精神的形成和发展则需要深厚的历史底蕴，它所蕴含的精神内涵更是能够激励人们追求卓越。如果我们在高校思想政治课堂上采取固定的教学方法，并且忽略了劳动模范文化的多样性，这将会严重影响劳动模范精神的传播，降低教学质量，增加教学难度。由于大多数师生对劳模精神的认知水平较低，以"劳模精神"为主题的思想政治教育内容无法满足他们的实际需求，而且教育形式单一，也没有得到足够的重视。因此，为了更好地发挥劳模精神的德育作用，应该根据不同的受教育主体，采取针对性的教学模式，在不同的时间段加强"劳模精神"的思想政治教育，以提升师生的素质，增强他们的社会责任感，激发他们的爱国热情，增强他们的社会责任感，从而推动社会进步。通过改进大学的思想政治课程，来提高教学质量。

尽管劳模精神在高校思想政治教育中具有重要的引领作用，但是由于缺乏对其与其他精神文化的比较，以及缺乏针对性的教学模式，使得劳模精神教育未能发挥出应有的效果，从而导致思想政治教育变得枯燥乏味。

2. 高校思想政治教育内容体系有待丰富

随着社会的进步，高校思想政治教育的内容也在不断演进，从理论到实践都在不断丰富。劳模精神是当今时代精神的重要组成部分，它不仅具有丰富的理论内涵，还具有重要的教育意义。然而，当前高校思想政治教育中对劳模精神的重视程度仍然不够，主要表现在以下四个方面。

（1）没有充分认识到劳模精神在高校思想政治教育中的重要性。

（2）没有建立有效的机制来将其融入教育内容。

（3）更没有从教育效果出发，反思劳模精神的价值。

（4）尽管部分高校将劳模精神融入思想政治教育，取得了一定的教学成效，但是这种单一的教育模式并未在全国范围内产生普遍的影响。

因此，在高校思想政治教育中，劳模精神的重要性被忽视，从而导致了它在教育中的价值被低估。总而言之，劳模精神的思想内涵、教学成果以及其精神意义等，在高校思想政治教育中未能得到充分体现，在以后的工作中要予以加强。

3. 高校思想政治教育评价机制有待完善

完善的评估体系是将劳动模范精神融入思想政治教育、高校培养德才兼备的人才的重要保障，也是实现人的全面发展的关键。然而，目前以劳动模范精神为核心的教育实践评估体系尚未完善，存在以下几个方面的问题。

（1）评价机制僵硬，缺少人文关怀

道德教育是一种以培养人的道德品质为核心的教育，它旨在帮助人们树立正确的价值观，培养他们的道德意识，使他们能够自觉遵守社会规范，并且能够发挥自身的潜能，从而实现全面发展。因此，思想政治教育应该成为道德教育的核心，以促进人们的全面发展。如果说教育教学评价仅仅是为了管理和制订规则而进行的，那么这种评价方式就显得过于僵化和陈腐。在进行教育教学评价时，如果不考虑人文关怀，就无法清楚地了解以劳模精神为主的德育教学的效果如何，以及它对人的价值观念的影响有多大，以及还有哪些需要改进和提升的地方。

（2）评价主体单一，评价结果不公正

教育评价的主体包括学校和学习者，通常来说，评估结果反映了学校对学习者的评估或学习者对学校的评估。这种评估活动具有复杂性，如果评估主体单一，缺乏第三方参与，或者没有互动，都会对评估结果造成影响。在劳模精神教学实践评价过程中，教育主体应该关注教育客体的基本情况，以便更好地反映其接受思想政治教育的状态，但也不能忽视教育主体的参与情况，因为这些信息可能会影响到教育的效果。由于缺乏第三方参与的评价机制，评价主体很难实现自我评价，从而导致评价结果仅仅针对特定客体。因此，为了确保评价结果的公正性，必须摒弃单一的评价主体，并扩大评价主体的范围。

（二）"劳模精神"融入高校思想政治教育的路径选择

1. 坚持"双主体"育人原则，强化思想政治理论课建设

在高校思想政治教育的实践活动中，劳模精神应当成为教育者和当代大学生的共同追求，以激发他们的主观能动性，让他们在接受教育的同时也能够获得自我成长的机会。自我教育是一种以自身所掌握的知识和技能为基础，通过与他人的互动学习、交流，来提升自身能力的教育方式，它旨在帮助大学生们从被动的学习者变为主动的学习者，从而获得更多的知识和技能。思政课的教师应当以自身的角色担当，采取有效的教学策略，将劳模精神融入学习当中，培养学生的自主性，激励他们去探索、创新，从而形成一种正确的价值观，并将这种价值观融入文化的交流与传播之中，从而推进社会的进步。

一方面，教育是实现中华民族伟大复兴中国梦的基础工程，我们应该重视教师队伍建设。党的十九大报告提出，我们应该加强师德师风建设，培养高素质的教师队伍，倡导全社会尊重和爱护教师。通过将劳模精神融入高校思想政治教育，我们可以提升教师的素质，增强他们的责任感、职业道德和全局观念，让他们成为一支既有技能又有道德的优秀人才，能够有效地指导学生的学习与发展。通过将劳模精神融入高校思想政治教育，思政课教师作为教育的核心，其理解、掌握和运用劳模精神的能力将直接影响学生的认知，从而影响劳模精神的德育效果。为了更好地指导思政课

教师，我们应该首先进行劳模精神的专题培训，让他们更加深入地理解这一精神，增强问题意识，清楚地认识到它所要传达的价值观，并且全面掌握有关劳模精神的学习资料。为了更好地传播劳模精神，思政课教师应该系统地学习这些知识，并努力培养自己的敬业、创新和奉献精神。只有这样，他们才能真正成为一名优秀的教师，并为学生提供有价值的劳模精神指导。

另一方面，当代大学生应该积极参与劳模精神的思想政治教育，深入理解劳模精神的内涵，把握其学习要点，拓展其学习领域，不断完善自我，提升自身的人生修养，以激发大学生的积极性，加强自我教育从而实现大学生从教育客体向教育主体的转变。此外，建立健康的人生观和价值观是非常重要的。思想政治教育是大学生生活的重要组成部分，它不仅能够帮助大学生提升自身能力，还能影响周围的人，从而使他们从被动的接受者转变为主动的参与者。因此，应该积极鼓励大学生参与思想政治教育，将理论与实践有机结合，为他们提供学习交流的机会和平台，以提高他们的自我教育水平和能力。

2. 重视劳模精神的教育价值，丰富高校思想政治教育的内容

将劳模精神融入高校思想政治教育内容，不是要把它强加给学生，而是要让学生深入理解它的理论内涵，挖掘它的时代价值，以便让它成为一种有效的教育方式。只有这样，才能真正把劳模精神融入高校思想政治教育中，让学生们在学习中获得更多的知识和智慧。为了更好地推广劳模精神，我们应该将其融入高校思想政治教育内容，并在理论与实践中充分体现其重要性，以此来提升劳模精神的教育价值。除了将劳模精神融入社会主义核心价值观的宣传和社会实践活动之外，还应该充分发挥劳模精神的教育价值，让它在高校思想政治教育中发挥重要作用，从而更好地激发学生的积极性和创造力，特别是要深刻认识劳模精神在培养人格和品德方面的重要性，突出高校思想政治教育的深远意义。

3. 加强校园文化建设，把劳模精神融入高校各个环节

校园文化是一种独特的群体文化，它以教师和学生为中心，将精神文化、物质文化、制度文化和行为文化结合起来，形成一种具有时代特色的文化氛围。为了更好地弘扬劳模精神，我们应该采取多种措施，将其融入高校的思想政治教育中，同时也要努力改善校园的环境，从而更好地发挥校园文化的作用。校园文化有一种潜移默化的力量，它不仅能够培养学生的道德品质，还能够激发他们的创新精神和实践能力。因此，高等院校应该积极推进劳模精神的传播，并通过多种形式的教育教学活动来提升学生的道德素养和社会责任感。

（1）通过学校硬件设施建设，加大劳模精神宣传力度

通过改善学校硬件设施，我们可以更好地将劳模精神融入高校思想政治教育中，从而创造一个有利于劳模精神传播的环境，并且强调隐性教育，这也是提升劳模精神宣传力度的有效途径。为了让劳模精神更好地融入校园文化，我们应该大力推进各学院文化宣传，建立完善的文化长廊、特色建筑和文化景观，以及其他相关设施，使之成为师生日常学习生活的一部分，从而让劳模精神在校园内得到更广泛的传播。

（2）完善教育机制，使劳模精神教育常态化

为了更好地培养学生的劳动精神，我们应该建立一套完善的劳动精神教育机制，并将其作为一种常态。此外，我们还应该将劳动精神教育与校园文化紧密结合起来，让学生在学习中得到更多的实践和锻炼。同时要完善教育体系，将劳模精神融入大学生的思想政治教育，并将其与党日活动有机结合，以确保劳模精神教育的有效实施。通过制度的保障，使劳模精神教育成为学生的日常习惯。高校应该积极推进劳模精神的弘扬，特别是在人文社科类专业，加大对师资的投入，提高教师的综合素质，以确保劳模精神教育的顺利实施。

第三节　工匠精神

一、工匠精神的时代内涵

一些学者认为，工匠精神源于古希腊罗马时期的技艺经验，另一些学者则认为，它体现了传统手工制造业中工匠们的主观能动性，以及他们勇于挑战困难、追求卓越的劳动精神。在传统观念中，"手头功夫"被视为工匠精神的根源，但实际上，它的核心是劳动，而非某种特定的劳动形式。《考工记》和《齐民要术》等古典文献都是工匠精神的具体体现，它们提供了丰富的劳动经验，激励着人们不断努力，追求卓越。手工艺人们不断努力探索技艺，农民们每天观察农作物的生长，从中汲取经验，这些都是主观能动性的体现。"工匠"中的工匠精神，更是每一位辛勤劳动者的精神，值得我们学习和借鉴。

（一）当代中国工匠精神的发展状况

1. 中国传统工匠精神有所式微

中国古代农民以其精湛的技艺和勤奋的态度，将中国传统工匠文化发扬光大。他们从优质品种的选择、精确的施肥、灌溉保护墙壁、严格按照季节变换的劳作，在有限的土地上不断改善作物的产量，用他们的技艺和精神，将中国古代的工匠文化发扬光大。随着家庭手工业的兴起，中国传统工匠的技艺也得到了极大的提升，他们以精湛的技艺和勤奋的劳动，在各个领域中不断探索、创新，为中国的经济发展作出了重要贡献。

从古希腊到中国，工匠精神一直是一种重要的文化传统，它源自欧洲古代的手工制造业，并在 11 世纪得到了迅速的发展。而随着中华人民共和国的建立，中国的现代工业文明也随之而来，这种传统也被赋予了新的意义，即以爱国主义、奉献敬业为主线的具有中国特色的社会主义工匠精神。

随着改革开放的推进，"时间就是金钱，效率就是生命""人人有事做，事事有人管"的口号使得工匠精神和追求经济效益的理念更加融合，"为公"的理念也被重新定义，即个人的追求也能够反映出工匠精神的价值。然而，随着市场经济的发展，"求快"和"求规模"的经济发展思维已经不再能够满足制造业对质量和技术的追求，"个人利益优先"等西方多元价值观也对传统的艰苦奋斗、自强不息的精神构成了挑战，使得工匠精神的重要性有所减弱。

第一，中国传统工匠精神的核心是造物意识，它强调通过双手的切磋琢磨来改造自然，并以口传心授的方式传承，以达到"道技合一"的理想境界。然而，近代以来，由于中国工业文化的积累不及西方发达国家，加上"万般皆下品，唯有读书高"的教育观念的影响，工匠精神被误解为苦力劳动，从而使其在理念上被局限于手工业和一般制造业的小天地之中，从而影响了中国传统工匠精神的发展。尽管中国在许多大型制造业上取得了显著成就，如中国盾构机的制造，但是这还远远不够，工匠精神仍未得到充分发挥。

第二，尽管工匠精神在我国拥有深厚的群众基础，也催生出许多优秀的技术工匠，但是它在当前中国制造业的发展却远远落后于其他行业。比如，航天航空领域的技术工匠们已经取得了显著的成就，而在高端制造业和基础性服务业如医疗、教育等，技术工匠的缺口依然很大。根据中国人力资源和社会保障部的数据，中国的高级技工缺口高达 2 000 万，远低于日本和德国，这种情况严重阻碍了中国传承和发扬工匠精神的进程，从而给国家带来了巨大的挑战。

第三，由于缺乏良好的企业文化，员工的敬业度受到了严重的影响。美国盖洛普咨询公司多年的研究表明，企业文化的价值观必须能够让员工接受，才能够培养出具有工匠精神的员工。因此，企业文化的缺失将严重影响员工的敬业度，从而阻碍企业的发展。

2. 社会不良环境影响工匠精神的弘扬与践行

当前，社会普遍存在一种现象，既忽略了一线劳动者的社会地位提升和道德风貌建设，也没有对技术人才进行长期的培养和教育，这种情况严重影响到了某些行业的发展，甚至阻碍了经济的持续增长。尽管航空业拥有严格的管理制度，但是由于一些工作人员缺乏专业技能和责任心，使得制度在实施的最后阶段出现了问题，不仅导致了多次的航班延误，更有一次，一位机场塔台管制员因为忽略飞机的动态，差点导致两架飞机发生碰撞的悲剧。除了诚实、冷静、家庭教育等传统观念，还有许多其他因素也会对工匠精神的传承和实施产生负面影响。在新时代，我们应该努力推动工匠精神的发展，以国家建设为基础，突出社会主义核心价值观的指导作用，让工匠精神成为国家发展、人民幸福的重要组成部分，充分体现出中国特色的工匠精神。

3. 工匠精神对人类社会的未来发展日益重要

此外，随着科技的飞速发展，工匠精神将变得越来越重要。科技的进步使得体力劳动的负担减轻，这将有助于培养出更多具有工匠精神的人，也意味着人们将不断追求卓越、脚踏实地、专注于细节，从而为社会带来更多的价值。随着人工智能的飞速发展，机器与人之间的联系变得越来越紧密，从无人驾驶汽车的实际应用到智能算法的运用，从围棋项目到顶尖职业选手，这一切都表明，以往仅仅依靠熟练操作和技艺来保障质量的时代已经不复存在。虽然未来可能会有更多的重复性机械工作，但是这并不意味着人类就不再需要工匠精神。相反，它们将会带来更多的创造性和研究性工作，这些工作对于员工的管理水平、技能精度、团队协作能力以及多领域知识技能整合能力都提出了更高的要求。这些改变将会扩大工匠精神的时代内涵，并促进工匠文化的新发展。

（二）当代中国工匠精神的时代内涵

工匠精神应当与时俱进，不断发展壮大，以满足当代社会的需求。它不仅要求传统工匠精神的优秀品质，更要求其具备现代生产力和生产关系的特征，并且要求其与社会主义核心价值观的爱国、敬业等价值观保持一致，以此来实现中国工匠精神的发展。这种时代风貌和文化内涵不仅为中国带来了更高的劳动者素质，推动了高质量发展，而且因其先进性和实践性而具有深远的影响力，在全球范围内都备受赞誉。

1. 工匠精神是自觉自愿的敬业

敬业是构建一个工匠精神的基石，它是一种不懈的努力，是一种对自身职业选择的尊重，是一种对工作的谨慎态度，也是一种对自己的责任和义务的认真负责的态度。可以说，没有不敬业的工匠，没有不精工巧匠的工作。工匠们不仅要遵守"凡事差不多"的规定，而且要以最真诚的态度去完成工作，无论工作性质是简单还是复杂，都要以最负责任的态度去完成，绝不能马虎大意。工匠们对自己的职业抱有极高的责任感，因为他们深知这份工作有着不可替代的价值和意义。责任是工匠们的精神支柱，也是每个工匠必须承担的责任。现代工匠们不再仅仅将工作看作是谋生的手段，而是拥有更高层次的审美观念和道德标准，他们的敬业精神使得他们对自己的工作充满热情，并且深深地热爱它。刘二伟师傅，一位在某公司担任挖掘机驾驶员的工匠，凭借着他出色的技术，能够用挖掘机臂开啤酒瓶盖，这种令人惊叹的技艺源于他对自身职业的无比尊重。因此，工匠们通过承担自身的职责，可以从内心深处体会到满足感和幸福感。

工匠对于责任的追求不仅仅是追求个人价值，而是将其转化为一种信仰，这种信仰使得工匠们能够将自身与他人、手与心、工与艺完美融合，从而实现对集体、社会以及人类的高度敬业。尽管新中国成立初期经济落后，但许多海外科学家仍然回到祖国，为新中国的发展作出了巨大贡献，其中"两弹一星"团队尤为突出，他们将自身的价值和社会价值完美结合，展现出"尽己所能、无私忘我"的奋斗精神。当下，屠呦呦、袁隆平等人不仅为中国带来了巨大的福祉，更为世界文明的进步作出了重大贡献。工匠精神和敬业精神之间存在着密切的联系，但是它们之间也有着不可忽视的差异，工匠精神具体体现为"三多"。

（1）多干一点

工匠精神比单纯的敬业更强调"多干一点"。2018年"湖北工匠"的刘军荣以其出色的工匠精神，不仅仅是单纯的敬业，而是将"多干一点"的精神发挥到极致，他不断深入挖掘本职工作的内涵，拓展工作的边界，以此来提升生产线的效率。此外，刘军荣还利用业余时间，自发地制作并改良了许多加工用的刀具和辅具，从而大大提升了公司的收益。简而言之，"多干一点"旨在通过不断努力，来实现"马不扬鞭自奋蹄"所提倡的职业责任。

（2）多学一点

"学知不足，业精于勤"是一种以敬业精神为基础的工匠精神，他们不断努力提升自身技能和理论水平，并系统地学习相关领域的理论知识。武重集团机械模型工人吴何庆也不例外，他通过不断学习，在设计机械产品模型方面达到了国际水准，被同事们誉为"技能魔术大师"。"多学一点"是一部能够帮助工匠超越自我的作品，并将他们的技能提升到一个新的高度。

（3）多想一点

工匠精神强调将理论与实践结合起来，他们要善于从实践中汲取经验教训，不断总结和思考，以求达到更高的境界。他们的智慧超越了工作和事业本身，从而能够洞悉各种劳动形式和职业发展的规律性。

2. 工匠精神是脚踏实地的专注

作为一名工匠，我们必须在有限的时间和精力内不断探索，这是我们永恒的使命。梁启超在《读书分月课程》中指出："无专精则不能成，无涉猎则不能通也。"而作为一名工匠，我们更应该坚持这样的信念。只有拥有专注的能力，才能够在任何一个领域都取得最佳表现。

（1）实践性

实践性是一种把注意力从头脑中转移到实际行动中的能力，它要求我们以最实际的问题和困难为出发点，勇于担当，脚踏实地地去解决，不断努力，最终实现远大的目标。例如，袁隆平院士带领团队在试验田里不断探索，精心处理每一个细节，最终成功地创造出一个又一个水稻亩产的世界纪录，为解决全球粮食问题作出了重要贡献。

（2）专一性

专一性是一种持久的努力，它不断地推动着我们前进，不断地改进我们的能力。例如，雷锋同志就是一个典型的例子，他坚持不懈地工作，展现出了一种坚韧不拔的精神。

（3）前瞻性

前瞻性是一种远见卓识，它体现在工匠们对环境变化和事物发展规律的敏锐洞察力，以及他们不断努力的精神。如果缺乏前瞻性，就可能会带来负面影响。比如，柯达公司曾经因过度专注于传统胶卷业务而错过了影像数码化的浪潮，从而使其从行业霸主的地位跌落下来。如果无法对未来发展趋势做出全面而准确的预测，"奋力跑向相反的方向"可以成为一个最佳的选择。

3. 工匠精神是重复基础上的创造

工匠的创新不仅仅是一次偶然的灵感，也不仅仅是一次技术革命，而是他们每天不断地探索和改进自己的专业领域。第一，重复是成功的关键。一个优秀的运动员需要花费大量的时间来练习一个动作，一个优秀的飞行员则需要花费大量的时间来模拟飞行。"无他，惟手熟尔"和《卖油翁》都强调了重复的重要性，只有通过反复的实践，工匠们才能够更加清晰地理解当前的问题，并且能够更好地完成"守拙维新"。第二，重复不仅仅是"匠气"中的一种呆板的方式，而是一种可以激发创新思维的活动。通过重复，我们可以获得丰富的经验和深入的认知，但也可能会被思维定式所束缚。工匠们需要不断地反思和改进，以克服自身的局限，并且不断地挑战自我，以获得更多的创造性。屠呦呦团队就是一个很好的例子，他们在攀登人类药学的高峰的道路上，经历了无数次的失败，但他们依然坚定地追求着，不断地思考和调整前进的方向，最终取得了重大的成就。由上可知，重复性工作是一种持续不断的过程，它既需要不断地发现问题和改进缺陷，又需要勇于创新，这两者相辅相成，构成了工匠精神的重要组成部分。创造性重复需要勇于接受挑战，敢于挑战自我，并且要有不断创新的意识，这两者缺一不可，才能真正实现工匠精神。

4. 工匠精神是匠心独运的求美

当前，我国社会面临着一个重大的矛盾：人民日益增长的美好生活需求与不平衡、不充分发展之间的矛盾，这表明我国在"美"的供应上仍然存在着不足。为了实现这一目标，我们必须以提升生活品质为基础，加强对先进生产方式和优雅生活方式的引导和推广。现代工匠精神不仅仅是"面子工程"，而是一种追求个人品格和技艺的完美结合，它体现出人性的光辉。美学家朱光潜说："实用的态度以善为最高目的，科学的态度以真为最高目的，美感的态度以美为最高目的。"①工匠们不仅追求实用性和效率，更是对美的执着追求，不断探索和追求。实用性可以通过数值来衡量，但用户体验和人文关怀等理念却很难用数字来表达。因此，工匠们必须深入了解人性和美，在追求产品性能和功能的基础价值的同时，也要深入思考美的概念。"金玉其外败絮其中"的美不仅仅是表面的，而是一种深刻的人文美，它源自工匠精神，是一种从内而外散发出来的品质美。它需要极强的内在品质支撑，才能够真正体现出美的本质。没有扎实的内在品质，美就只是一种表面的美。

准确理解工匠精神的时代内涵，要避免以下几个常见误区。

（1）将工匠精神贵族化

当今，许多人在讨论工匠精神时，往往会被"昂贵才能体现工匠精神"的思维框架所束缚，认为只有提供高端、高档、高价的产品才能真正展示出工匠精神。然而，实际上，在某些情况下，物质和时间的投入是必要的，但这并不是工匠精神的全部内涵，也不是"以质挟价"或"以

---

① 朱光潜. 谈美 [M]. 北京：中华书局，2010.

技挟价"的唯一筹码。章丘铁锅曾经热销，但由于坚持纯手工打造，产能无法提升，长期一锅难求的状态让章丘的工匠们无奈，但他们没有选择涨价，也没有选择见利忘"质"，而是将产品暂时从淘宝店下架，等到库存回升之后再开始售卖，以此来缓解市场压力。在新时代，工匠精神应该是一种普遍接受的、追求卓越品质的精神，而不是一种被忽视或被贬低的精神。

（2）将工匠精神的主体窄化

虽然"工匠"中的工匠精神源自手工艺人，但它的影响力已经超越了手工业，它不仅仅局限于"工匠"中的精神，而是涵盖了更多的领域。尽管劳动者无法完全从事手工业或制造业，但它仍然是一种优秀的精神品格，值得我们每个人学习和传承。为了超越"工匠"所涉及的社会阶层，我们必须将工匠精神提升到一个更高的境界，从而培养出一种更加强大的民族精神。例如，"不忘初心、牢记使命"是"匠心"的一种具体体现，它体现了共产党对伟大事业的执着追求。不同的个体、民族和地域都有着不同的工匠精神，要想真正理解工匠精神，就必须从提高各行业劳动者和建设者的素质出发，全面把握它的内涵。

（3）缺乏工匠自信且没有掌握工匠精神的国际话语权

随着科技的进步，中国已经取得了许多令人瞩目的成就，其中最著名的是中华牌铅笔和张小泉刀具，它们的质量卓越，在国际上享有盛誉多年。在新时代，中国工匠精神应该以汲取传统优秀文化的精髓为基础，积极发挥自身优势，建立起文化自信，增强中国在国际舞台上的影响力，为当代中国工匠精神和文化的发展提供强有力的支撑。

二、工匠精神的践行路径

现代中国工匠精神正焕发出蓬勃生机，这种精神代表着开拓创新、敢为人先、追求卓越的优秀传统文化。国产大飞机的成功研制、蛟龙号在马里亚纳海沟创造的下潜深度世界纪录以及地壳一号万米钻机的成功研制和应用等，都是这种精神的充分体现。这种工匠精神的传承与弘扬，不仅可以为劳动者提供更好的精神武装，更可以激发年轻人的热情和动力，促进我国高质量发展。

（一）以工匠精神彰显价值标准

当前社会，低质次品和仿冒产品仍然屡见不鲜，一些企业也经常违反知识产权，而高品质产品却时常被市场淘汰，这种"逆向选择"现象一定程度上是因为工匠精神所代表的产品价值没有得到充分体现。工匠精神不仅是一种价值标准的体现，更是一种文化传承和精神追求。政府和社会需要采取积极的市场机制，鼓励和推动工匠精神的发扬，以此来塑造社会的价值观和标准。这种机制的建立必须依赖于政策的支持和推动，让工匠精神得到更广泛的认可和尊重。除了要完善版权和专利法规、加强对违反工匠精神行为的监管力度，我们还应该积极推广那些体现工匠精神内涵的市场行为和生产活动，通过给予个人和企业减负等激励措施，引导人们践行工匠精神。

（二）筑牢工匠精神的法治基础

如果只依靠道德文化来感染和教育人，那么"工匠精神"这个概念就会变得虚无缥缈，因为它缺乏实际执行的基础和营造的氛围。法治能够让弘扬工匠精神变得更加严肃，除了在道德上的规则约束之外，还规定了具体的技术规范。产品质量的提升与技术标准的制订息息相关，若标准偏低，则会导致市场竞争激烈，质量难以提高，缺乏国际竞争力。从国外的经验来看，标准化是提高企业竞争力和产品附加值的重要手段，因此对于整个行业的质量改进而言，那些能够达到国际领先水平并得到有效执行的技术标准，无疑是不可或缺的关键因素。中国的电热水器、电压力锅、豆浆机的安全标准以及纸制品卫生标准均达到了国际领先水平，彰显了中国制造在行业中的领先地位。然而，当前行业标准在法律上的地位相对较低，缺乏有效的执法能力。为了引导行业企业践行工匠精神，不断提升质量水平，需要赋予其相应的强制约束力，以确保未来的发展方向。

（三）持续推进工匠精神的大众化

通过推广和普及工匠精神，营造出一种凸显工匠精神的"工匠氛围"，这是一种优秀的实践和培养工匠精神的选择，它涵盖了三个不同的层次。

1. 教育养成

从本质上来看，工匠精神属于品德范畴，它是一种优秀的品德，也正是由于这一方面的原因，有必要加强对工匠进行道德教育。为了提升工匠的道德素养，教育部门可以在高等院校，特别是高职院校开设工匠通识课程，在无形之中提升工匠的道德素养。为了提高学生的实操技能和劳动素养，可以建立一种"二合一"人才培养模式。该模式将社会实践和理论学习深度融合，可以通过手工劳作课或其他形式的实践课程来实现。同时，将工匠精神融入思想政治教育课中，引导学生树立正确的人生观和价值观，培养民族自豪感，以及对劳动的热爱和尊重，从而形成对新时代工匠精神的价值认同，预防不良职业价值观的出现，如"差不多就行"和"见好就收"。

2. 生活融入

除了在职业工作中追求工匠精神，劳动者在日常生活中也应该注重细节，追求完美，以体现工匠精神。要让工匠精神在日常生活中得到普及，就需要培养每个人都具备的工匠气质。只有从日常生活的点滴小事开始，如准时到达约定地点和细致地完成每项任务，才能培养出工匠精神的品质。工匠精神的生活化，指的是强调每个人都应该注重细节，拒绝忽视工作和生活中的小事情，努力将现代的"工匠气质"和新时代的"工匠习惯"融入我们民族的基因中去。

3. 全球视野

工匠精神的核心在于弘扬中国工匠的价值观，传递中国工匠的声音，解释中国工匠的独特之处。因此，人们可以采用两种不同的方法来实现同一目标。首先，优先讲述中国工匠的故事，以展现他们的技艺和精神。近年来，中国工匠的形象开始通过电影和电视的形式得到推广，如央视拍摄的《大国工匠》等影片，这些都成功地宣传了中国的工匠精神。其次，利用"全球货物贸易第一大出口国"的强大优势，充分发挥我国制造业现有的规模优势和产品生态优势，让印有"中国制造"的优质商品和优质服务出现在世界各个角落。

总而言之，我国传统文化中蕴含着丰富的工匠精神，如"两弹一星"、愚公移山等，从某种意义上来讲，工匠精神是我国民族精神的重要组成部分，是全民族宝贵的文化财富。工匠身上的精神不仅丰富了新时代民族精神，工匠本身也为我国社会主义现代化建设提供了强有力的支持。

三、新时代工匠精神的培养

每一位劳动者都应该学习和继承工匠精神所蕴含的价值理念，这是一种卓越的精神素质。作为高校教育工作者要充分认识到工匠精神在人才培养中的重要性，将其贯彻于教育教学过程中。

（一）工匠精神是践行社会主义核心价值观、弘扬"劳动最光荣"的具体实践

现阶段，我国在贯彻新发展理念、推崇劳动精神方面，也需要秉持工匠精神所要求的内在品质。通过在大学生中推广和弘扬工匠精神，可以促进大学生对社会主义核心价值观的认同和践行，进而形成尊重简单劳动、重视复杂劳动的价值观念。

1. 工匠精神是推进供给侧结构性改革、建设制造强国的重要推手

众所周知，目前我国制造业正处于高速变革的关键时期，而在这个过程中，人才具有十分重要的作用，它直接决定了我国能否跻身世界制造强国之列。

2. 工匠精神是先进大学文化的重要组成部分

所谓的工匠精神是指工作者需要具备良好的爱岗敬业、开拓创新的精神，能够在工作岗位上坚守自己的职责，在提升自身能力的同时，把自身

的工作做好，在促进各行各业发展中贡献自己的一份力量。

先进的大学文化在高校教育之中具有十分重要的作用，它可以在无形之中影响教师和学生的行为方式及价值观，从而使教师和学生积极追求真理、创新求真、团结协作。高等学府应当致力于打造一种具有时代特色和学校特色的先进大学文化，将传承与创新、科学精神与人文精神、工匠精神与校园文化有机融合，同时汲取中华优秀传统文化的思想精华，立足学校实际，在校园文化的基础上引导学生理解并接受工匠精神，促使学生成长为具备高素质、高职业精神的人才。

3. 工匠精神是大学生未来职业发展的重要精神力量

在当今社会多元文化和价值观的冲击下，高等教育应当致力于培养当代大学生坚定的理想信念，积极践行爱的行为准则，以及不断追求进步、不断追求知识的治学情怀，这是实现立德树人根本任务的必然要求。工匠精神所包含的敬业、精业和奉献精神，能够为年轻人的职业发展提供强大的精神支持，激励他们勇于挑战自我，克服困难，追求卓越，成为一名优秀的工匠，乃至成为国家工匠的佼佼者。

（二）工匠精神培育的有效路径

工匠精神的传承与弘扬需要持续不断的努力，不管是在学习深度、能力提升、精神传递方面，还是道德养成方面，都需要保持一定的连贯性。因此，高校应该将工匠精神贯穿于人才培养的整个过程中，通过多维度的探索，寻找培育工匠精神的有效途径。

1. 加强师德师风建设，建设一支具有工匠精神的高素质教师队伍

教师的历史使命在于传承知识、传递思想、揭示真理，同时肩负着引导学生的灵魂、生命和人格塑造的重任。教师的言行举止对学生的人生观、价值观产生着深远的影响。因此，高校应全面把握新时代师德师风建设的新坐标，努力推动教师队伍建设，以履行新时代赋予的神圣使命。高校应充分发挥党组织在管理人才方面的作用，通过各级党组织加强教师的思想政治教育，深化人事制度改革，完善教师评价机制，致力于为每位教师创

造一个施展才华的人生舞台，引导广大教师自觉践行社会主义核心价值观，将立德树人作为自己的使命。作为教师，特别是大学教师，应该正确认识工匠精神的当代价值，并且摒弃教育功利化和浮躁化的倾向。高校教师必须始终坚持守望工匠精神，成为学术权威、品德楷模和条件创造者。在教学、科研和生活的各个方面，高校教师应该全方位展示师德修养，成为大学生成长成才的指导者和引路人。通过高校教师身上所展现出的工匠精神感染力，让大学生在认知、情感等多方面切实感受到工匠精神的价值认同。

2. 推进课堂教学改革，形成"大思政"工作格局

课堂对于大学生而言，是一个十分重要的学习场所，所以高校应当将工匠精神融入课堂之中，让学生逐渐生成"工匠基因"，这对于大学生主动、正确理解新时代工匠精神具有十分重要的意义。具体来讲其主要包含以下几个方面。

（1）充分利用高校思政课的主渠道作用，采用多元的教学方案和方法，积极倡导案例式教学，深入挖掘与大学生生活紧密相关的优秀案例，激发学生内心的共鸣，帮助他们明确人生目标，激发创新创业的热情。

（2）专业课教师应该充分发挥育人主体作用，充分挖掘和应用专业课中蕴含的工匠精神元素，根据学生的不同情况进行个性化教学，将工匠精神教育贯穿专业课教学的全过程。

（3）推行综合素质教育，促进大学生通识能力的提升。通识教育是一种涵盖广泛的教育，其价值在于让学生能够获得多样的知识和思考方式，从而拓宽自己的视野和思维能力，培养独立思考和探索的能力，提高科学与人文素养。

3. 完善高校科研体系，建设高水平科研平台

高校的科研平台不仅仅是教学和科研的载体，还承担着培养人才的重要任务，它是学科建设中不可或缺的一部分，缺乏一流的科研平台就难以达到一流的学科水平。大学生在高校科研中扮演着至关重要的角色，他们的参与为学科的交叉、融合和发展带来了强有力的推动力。高校应以科研

为主要手段，贯穿选题设计、科研立项、项目研究、成果应用全过程，培养大学生工匠精神，提高他们的科学素养和创新能力。

高校应该进一步完善科研体系，成立科研基金，通过实施大学生教育创新计划、资助优秀大学生的学位论文，以及奖励优秀科研成果等项目，来鼓励大学生参与各种高水平学术交流活动，自主选择前沿课题进行科学研究，参与科技创新团队和科研创新培训，以培养团队合作精神和协作意识，共同攻克科技难题。

4. 加强创新创业联合培养基地建设

大学生创新创业联合培养基地是高校、政府、企业和社会组织等共同合作建立的人才培养平台，其最主要的目的是为大学生提供创新创业实践场所，除此之外，人才培养平台还有其他方面的性质，它是推动产学研深度结合的重要载体之一。因此，高校应该充分利用校企政等各方的优势，规范管理基地，建立多元一体、互惠共赢的资源共享机制和合作平台，以便更多的大学生能够参与实践学习和锻炼，在实践中更深刻地体验工匠精神的时代价值，培养核心素养，树立家国情怀。

5. 丰富校园文化生活，打造先进的校园文化

大学校园的文化体系由物质文化和精神文化构成。

（1）物质文化

物质文化可以理解为一种社会现象，指人们对于物质财富的追求和利用，涵盖了各种物质产品、技术、知识和价值观念等方面。

学校的物质文化是指学校内部所拥有的物品和建筑，这些物品和建筑不仅反映出学校的价值观和精神风貌，还直接影响着师生的学习和生活。

（2）精神文化

从某意义上讲，学校的精神文化直接反映了学校的朝气和特色，一般来讲学校精神文化主要有以下几个方面：学校的规章制度、教风、学风、社团文化、学术文化、校风等，这些方面的内容丰富多样，展现了学校的理念和办学特点。

　　将工匠精神融入校园文化的各个方面，可以让大学生在不知不觉中受到它的影响，从而培养出匠人般的气质。学校的未来发展与校园文化建设息息相关。因此，高等教育机构必须高度重视培育特色校园文化，打造独特的文化品牌，加强文化教育与人才培养的联动，将工匠精神贯穿于校园文化中，可以通过举办科技文化节、学术论坛和参加创新实践等活动，培养学生崇尚科学的学习态度，同时提高大学生的工匠精神品质。通过培育特色社团品牌项目，让大学生在丰富多彩、富有教育意义的社团文化活动中，深入学习和践行社会主义核心价值观，坚定理想信念，成为新时代担当民族复兴大任的优秀青年。

第五章　新时代高校劳动文化教育创新研究

劳动教育是中国特色社会主义教育的一项重要内容，新时代开展劳动教育是培养年轻一代树立"劳动最光荣、劳动最崇高、劳动最伟大、劳动最美丽"观念的重要途径。本章内容为新时代高校劳动文化教育创新研究，分为三部分，依次是劳动文化政策研究、高校劳动文化教育现状研究、新时代高校劳动文化的建设与教育创新。

第一节　劳动文化政策研究

政策是推动劳动文化教育、劳动文化教育研究的基本途径之一。进入新时代以来，党和国家推出了系列的政策举措，不断推动大中小学劳动文化教育的深入开展。在新时代的劳动文化教育中，强调的是让大学生通过实践、汗水和意志的锤炼，塑造正确的劳动价值观和优良的劳动品质。因此，高校应该大力推行"劳动教育"，让学生成为有思想、懂规矩、会创新的新型劳动者，成为社会主义现代化建设事业的生力军。以劳动为文化教育内容的文化教育政策，为学生提供了从繁重课业和分数压力中解放出来的机会，让他们在实践中获得知识，在活动中获得课程，在课本和生活中不断成长。

一、劳动文化政策研究的问题源流

问题的根源在于一系列焦点问题，这些问题引发了公众和舆论的广泛关注，成为引导政策制定的关键环节，也是决定哪些问题最终会被列入政策议程的重要一步。在我国，劳动教育作为一种特殊形式的文化形态，与其他文化类型相比具有鲜明的特色，因此成为了国家政策制定的重要内容之一。新时代的劳动文化教育政策所带来的问题源头可以概括为劳动文化教育的缺失，以及由此引发的社会问题。

（一）新时代劳动文化教育的缺失

在我国发展的历史长河之中，劳动文化教育的缺失深刻影响了人们的思想和行为方式。在中华人民共和国成立初期，劳动文化教育所涵盖的范围几乎仅限于纯体力劳动，也正是由于其这一特殊性质，所以它未被纳入学校教育的范畴。尽管 1999 年有关素质教育改革的文件已经发布，但劳动文化教育仍未得到足够的重视，仅仅被视为学生实践活动的一部分，而非不可或缺的组成部分。

随着新技术的涌现，劳动的形式和内涵也发生了深刻的演变。纯粹的体力劳动已经不再具备其存在意义，取而代之的是一种以知识、计算机技术为基础的智力生产方式，即在这种生产方式中，人们不再仅仅依靠体力来进行工作。然而，随着时间的推移，计算机的过度依赖已经导致人们失去了独立劳动的能力，这种现象正在逐渐显现。随着虚拟技术的蓬勃发展，人们日益沉迷于网络世界，这不仅削弱了他们的独立思考能力，同时也削弱了他们的社交技能，从而导致他们的劳动能力逐渐衰退。此外，大学生对劳动文化教育的需求超出了高校劳动文化教育的范畴，其内容和形式仅限于卫生打扫和校园桌椅搬运等方面，难以满足其需求。

（二）劳动文化教育不足引发的社会问题

当前，劳动文化教育的缺失引发了一系列社会问题，这些问题必须引起我们的高度重视。首先，目前大多数家庭都是独生子女，由于父母和家人对孩子的过度溺爱，孩子从小就可能失去了必备的劳动技能，这导致了"小皇帝""小公主""啃老族"和"巨婴"等现象的出现。其次，在互联网时代，随着信息技术的飞速发展，人们获取信息的途径和速度得到了质的提升，特别是短视频直播平台如"抖音"和"快手"的兴起，推动了"网红"经济的迅猛发展。在这样的社会大环境下，一些不良思想，如拜金主义、享乐主义等，正在冲击着人们的劳动观，逐渐侵蚀着青少年一代的思想观念。最后，就业形势的严峻程度与劳动力短缺之间的矛盾日益凸显。随着毕业季的到来，大学毕业生的就业形势变得越来越严峻。然而，企业仍然面临着招聘困难和人才短缺的挑战。这种矛盾的产生源于多方面因素，然而也不能排除当代大学生在劳动文化教育观念和劳动能力方面存在偏差的根源。随着时代的变迁，毕业生们越来越倾向于跟风考研、考编，然而，由于职业教育的不足和技术型人才数量的骤减，他们的劳动价值观出现了明显的偏差，这也导致了就业形势的日益严峻。

二、新时代党的劳动文化政策发展研究

（一）创新性发展

2012 年，党的十八大重申《国家中长期教育改革和发展规划纲要（2010—2020）》中的教育方针："全面贯彻党的教育方针，坚持教育为社会主义现代化建设服务，为人民服务，与生产劳动和社会实践相结合，培养德智体美全面发展的社会主义建设者和接班人。"这一时期人类科技快速发展，中国与世界深度融合，教育方针的发展显现出科学化、法治化、现代化的基本特征，凸显以人为本、育人为本的教育宗旨。

2015 年 12 月，新修订的《中华人民共和国教育法》颁布，强调"教育必须为社会主义现代化建设服务、为人民服务，必须与生产劳动和社会实践相结合，培养德、智、体、美等方面全面发展的社会主义建设者和接班人"。该法吸纳并增加了此前政策文件中关于"社会实践"和美育方面的要求，推进了教育方针的法治化进程，使得这一表述成为教育方针的经典表达。

在这一时期，党中央更加重视发挥劳动教育促进人的全面发展和服务现代化建设的关键作用。各级各类学校不断探索并通过劳动教育来推进教育高质量发展，通过劳动项目来提升教育治理效能，通过校园劳动文化建

设来促使教育资源空间布局得到优化。此外，劳动教育还助力教育脱贫，力求阻断贫困的代际传递，实现教育公平与区域教育的平衡发展。劳动教育的信息化、个性化、数字化，也成为提升职业教育质量、提高社会就业率的重要保障途径之一。

（二）深化发展

2017 年全国统编三科教材。统编语文教材加强了对中华优秀传统文化、革命传统教育和国家主权意识教育等方面的内容设计，其中部分涉及劳动教育。《朱德的扁担》等革命传统文章以及中国古代的劳动思想、劳动技艺等内容进入中小学教材。

2020 年 3 月，中共中央、国务院印发《关于全面加强新时代大中小学劳动教育的意见》（以下简称《意见》）。《意见》对于全面贯彻党的教育方针、强化大中小学劳动教育的系统规划和全面安排作出了重要的指导和部署。同时，《意见》明确了劳动教育对培养社会主义建设者和接班人具有重要战略意义。此外，《意见》还强调了在文化知识学习之外，有目的、有计划地组织学生参与日常生活劳动、生产劳动和服务性劳动，让学生通过实践经历出力流汗，接受锻炼，从而磨炼自身的意志。党中央从顶层设计的角度为提升劳动教育质量保驾护航。此外，《意见》特别指出，要将劳动教育与智育区别开，防止用文化课的学习取代劳动教育。同年 7 月，教育部公布《大中小学劳动教育指导纲要（试行）》（以下简称《纲要》）。《纲要》明确提出在系统的文化知识学习之外，当前实施劳动教育的重点要与《关于全面加强新时代大中小学劳动教育的意见》保持一致。《纲要》公布后，各校开始探索融合信息技术的劳动教育教与学模式的变革，并通过师生互动来拓展劳动教育的教学空间，促进优质劳动教学资源的共享。同年 10 月，党的十九届五中全会审议通过《中共中央关于制定国民经济和社会发展第十四个五年规划和二〇三五年远景目标的建议》（以下简称《建议》）。《建议》明确提出："要全面贯彻党的教育方针，坚持立德树人，培养德智体美劳全面发展的社会主义建设者和接班人。"《建议》同时要求，要把立德树人作为"十四五"时期和未来更长一段时期教育发展的指导思想和根本任务。这标志着党对教育发展规律和人才培养规律的认识提到一个新高度，对做好劳动教育工作和人才培养工作具有很强的理论和实践指导性。总体而言，2020 年一系列文件的发布，不断促使劳动教育转向内涵提升，促进关键环节的变革。

2021 年 4 月，《中华人民共和国教育法》修订后施行。其中，第五条明确规定："教育必须为社会主义现代化建设服务、为人民服务，必须与生产劳动和社会实践相结合，培养德智体美劳全面发展的社会主义建设者和接班人。"同年 12 月，全国政协召开网络议政远程协商会，围绕"全面加强新时代中小学劳动教育"的主题协商议政。

这一时期，劳动教育要应对新时代中国发展面临的历史挑战与发展机遇，不断在经费、师资建设、教育信息化等方面得到强有力的保障，包括学生在内的劳动大众的教育获得感得到有效提升。劳动教育不仅以服务需求为导向，服务国家需求，着力解决教育的重大理论和实践问题，而且以前瞻布局，夯实基础，建立适应社会主义现代化强国建设需要的学科专业体系。党和国家需要从教者通过劳动教育培养高层次人才，进而为实现中华民族伟大复兴提供人才支撑和智力支持。

第二节　高校劳动文化教育现状研究

一、家庭溺爱和网络影响的问题

近年来，随着我国经济繁荣和现代化进程的快速推进，人民生活水平得到显著提高。由于一些家庭不能正确发挥经济富裕对子女培养的优势，甚至因优越的家庭条件导致对子女过度的宠爱，使得目前高职大学生存在劳动观念淡漠、劳动意识不强和劳动技能贫乏等问题和不足。其主要表现在参与生产劳动和社会实践的积极性不高，有的学生在社会实践环节为逃避劳动而弄虚作假。

随着我国现代化进程的不断加快，当代高职大学生对网络等新事物较为熟悉，擅长使用计算机、手机等智能化网络终端设备。由此，许多学生认为以后的工作环境都是现代化的，工作设施都是智能化的，工作方式都是娱乐性的，特别是随着现代化智能机器人的普及，人类一般不会再去从事那些工作环境极其恶劣和工作条件极其简陋的体力劳动。因而，导致其在劳动兴趣、劳动技能、身体素质的培养上缺乏足够的重视和应有的投入，加上社会上一些负面现象的影响，导致一些学生对靠诚实劳动实现自身价值缺乏信心，不同程度地存在靠父母生活、靠关系致富、靠机会发财等投机取巧、不劳而获甚至好逸恶劳的不良思想和习惯，正是由于缺乏积极主动地投入生产劳动和社会实践体验，使得一部分高等职业院校大学生劳动技能不强。

二、劳动文化教育教学的问题

（一）课程重点存在偏差

由于对劳动文化缺乏系统和深入的研究，在劳动文化的理解上未能将吃苦耐劳和艰苦奋斗精神的培养作为核心要义。存在的偏差突出表现在一些高职院校习惯于将脑力劳动与体力劳动对立起来，在课程安排上，未能很好地协调处理脑力劳动和体力劳动的关系，缺乏以锻炼学生吃苦耐劳和艰苦奋斗精神为目的、以体力劳动为主的教育教学；一些从事劳动教育工作的同志习惯于将劳动知识的学习与劳动体验，尤其是吃苦耐劳的体验对立起来，重视前者，轻视后者，甚至存在将劳动教育娱乐化的不良倾向。

（二）课程体系和课程建设不完备

建设劳动文化需要有与之对应的较为完善的课程体系做支撑。目前，以劳动素质培养为主线的专业课程体系建设和以劳动文化建设为核心的融"教育、劳动、认知、体验"于一体的劳动课程体系建设都还不很成熟，在课程开发和教材建设上还需要进一步加强。

（三）考评体系不成熟

在课程实施上，如何适应当代大学生的学习兴趣和方式，建设更为人性化、个性化的教育教学模式还需要进一步探索和创新，尤其是需要改革创新考评体系，将劳动文化教育指标纳入学生考评体系。党的教育方针明确要求培养社会主义事业建设者和接班人，但长期以来，由于对劳动教育在学生创造创新品质培养中的作用缺乏足够的认识，尤其是对于学生对劳动的体验、参与动手实践以及劳动环境对学生的熏染在学生成长中的重大作用缺乏认识，致使各级、各类学校的考评体系中一直存在"智育独大"的现象。近年来，随着素质教育的推进，劳动教育在各级、各类学校得到了一定程度的强化，但评价体系中轻视劳动教育的失衡情况，并未得到显著扭转。因此，各级各类学校应创新考评体系，尤其是在以实践技能培养为特色的高等职业院校，应建立包括劳动教育在内的系统考试评价体系，科学设定考试内容和学分比例，并在此基础上，建立健全劳动教育督查制度，确保劳动教育落到实处。

三、劳动文化与传统文化结合的问题

在劳动文化教育中，如何把中华优秀传统文化融入其中，让中华优秀传统文化成为劳动文化的有机组成部分，是当前需要重视和探索的一个重要问题。中华优秀传统文化作为中华民族的文化基因和精神家园，是中华民族繁衍生息的丰厚滋养，也是社会主义核心价值观的重要源泉。在许多历史传承和传统技艺中，都深刻地反映着中华民族传统的价值观，积淀着中华民族的深层精神追求。一些优秀的历史传承在某种程度上是中华民族各个历史阶段的精神标识，需要在认真甄别、研究的基础上，进一步课程化。

（一）切实做好可课程化的传统技艺的甄别研究

中华优秀传统文化中有许多可传承和需要传承的技艺，这些传统技艺具有鲜明的劳动性，常常以各自独特的方式传承和体现着民族精神，将其列入劳动教育活动内容，甚至课程化，对于培养学生的劳动品质具有重要意义，如纺织、扎染、刺绣、剪纸、篆刻等。通过学习纺织、扎染、刺绣等技术，有助于学生们了解中国传统社会男耕女织的社会状态以及中华民族朴素的生活理想。剪纸是我国传统民间艺术，具有广泛的群众基础，剪纸作品的造型格式和视觉形象蕴涵了中华民族独特的文化历史信息，表达了各族人民审美情趣和社会理想。篆刻是以镌刻的方式表达汉字书法的艺术，常用来制作印章，在我国具有广泛的群众基础，将篆刻引入学生劳动实践课，具有认知、审美、教化、锻炼等多重意义。因此，应加强可课程化的传统技艺的甄别研究，挖掘民间现存的传统技艺，将那些健康有益的传统技艺加以整理研究，将相关的知识和技能课程化，用于学生劳动教育实践体验，培养学生的民族认同感和高尚情操。

（二）建设优秀传统技艺的实践教学课程体系

建立劳动教育课程体系有其特别的意义，课程体系化能够进一步体现事物发展的系统性和整体性，提高教育教学效果和人才培养质量。

通过组织相关方面的专家和教师组成劳动实践课程开发小组，开展优化传统技艺课程开发。针对不同教育对象，与小学、初中、高中、高职等不同层次教学大纲要求的知识点相对应和对接，充分发挥网上教学优势，最大限度地突出个性化学习特点，将线上自主学习与线下实操相结合，开发具有职业教育独特优势的劳动教育课程体系。

（三）加强传统技艺的时代性创新研究

随着时代的变迁，传统技艺在继承传统精华的同时，也势必要有时代性，表现在设计上突出现代理念，制作工艺上借助现代科技手段，材质上采用现代新型材料，从而实现传承中的创新。首先，在继承传统的审美观的基础上，实现审美观的创新；其次，可借助制作材料和手段的创新实现产品和服务的大众化，特别是随着环保要求和珍稀资源稀缺，材料的创新日益显示出其重要性；最后，通过创新使产品更加适合市场的需要。这些创新也是使优秀传统文化所体现的精神和审美观、价值观能够得到不断传承的前提和途径。

在传统技艺创新上，我国艺人树立了许多典范。例如，我国苏绣艺术品创新就是在继承早期平绣针法的基础上，创新出乱针绣等新针法，使苏绣艺术更好地表现出近现代绘画与摄影作品，呈现出更加光影灵动的立体效果，使苏绣这门古老传统艺术焕发出全新的生机与活力。

四、充分发挥校企两个积极性的问题

2002 年 8 月，《国务院关于大力推进职业教育改革与发展的决定》（国发〔2002〕16 号）发布。文件要求要充分发挥企业在职业教育方面的作用，要求企业与职业学校合作，积极为职业学校提供兼职教师、实习场所和设备，在职业学校建立研究开发机构和实验中心，针对一线职工和转岗职工，开展"订单"培训。

2004 年 2 月 28 日至 29 日，教育部在无锡召开了由无锡商业职业技术学院承办的全国第三次高等职业教育产学研结合经验交流会。会上印发了《第三次全国高职高专教育产学研结合经验交流会论文集（2004 年 2 月无锡)》，针对我国高职院校走产学研结合道路，聚焦校企合作培养实用型技能型人才，提出了明确的意见和建议。

2005 年 10 月，《国务院关于大力发展职业教育的决定》（国发〔2005〕35 号）发布。文件指出要继续完善"政府主导、依靠企业、充分发挥行业作用、社会力量积极参与，公办与民办共同发展"的多元办学格局，要大力推行工学结合、校企合作的培养模式。要求职业院校与企业紧密联系，加强生产实习和社会实践，改变传统的以学校和课堂为中心的人才培养模式。而且文件要求建立企业接收职业院校学生实习的制度，责成企业与学校共同组织学生的专业理论教学和技能实训工作，并为顶岗实习的学生支付合理报酬。

2014 年国务院印发《关于加快发展现代职业教育的决定》（国发〔2014〕

19 号），其中要求研究制定促进校企合作办学的相关法规和激励政策，加深产教融合并发挥企业作为重要办学主体的作用。企业规模达到一定程度时，应当设立专门的机构或人员，负责组织和实施职工教育培训，并与职业院校进行对接，同时开设学生实习和教师实践岗位。另外，国家在对设置有实习生岗位的公司进行征税时，应当结合现行的企业税收制度，扣除企业因实习生而产生的合法收入与支出。同时，鼓励企业利用闲置场地建立校外实训中心，并将其作为开展职业培训和职业技能鉴定的重要场所。企业或经营活动，如果是由职业院校自主创办的，其主要目的是为学生提供实习和实训服务，那么根据国家相关规定，这些活动可以享受税收等优惠政策。

党的十九大明确要求要完善职业教育和培训体系，深化产教融合、校企合作。为深入贯彻落实党的十九大精神，落实《国务院关于加快发展现代职业教育的决定》要求，完善职业教育和培训体系，深化产教融合、校企合作。2018 年年初，教育部会同国家发展改革委、工业和信息化部、财政部、人力资源社会保障部、国家税务总局等六部门下发《职业学校校企合作促进办法》（以下简称《办法》）。该《办法》明确指出实行学校企业双主体实施的合作机制，要求国务院相关部门和地方各级人民政府建立健全校企合作的促进支持政策、服务平台和保障机制，要求企业依法履行实施职业教育的义务，利用资本、技术、知识、设施、设备和管理等要素参与校企合作。我们应充分落实以上文件精神，并积极做好企业参与校企合作的立法工作。

第三节　新时代高校劳动文化的建设与教育创新

马克思的唯物主义观点认为，人类的本质在于劳动，而人类的幸福则源自"自由自觉"的劳动实践。随着新时代的到来，我国陆续颁布并实施了一系列关于劳动教育的政策文件，旨在强调劳动教育的价值不仅仅在于劳动本身，更包括了培养学生的品德、智力、体魄和美感等多方面的综合价值，并将其视为我国教育制度和体系中不可或缺的重要组成部分。

一、新时代劳动教育融入高校文化建设的现状

（一）思想认知不到位

在高校文化建设中，许多教师未能充分认识到将劳动教育融入其中的重要性和必要性。为了确保教学进度的顺利进行并节省教师和学生的时间和精力，高校的劳动教育在课堂内容上更倾向于采用"被动接受"的方式来灌输理论知识，然而这种过于敷衍的态度却未能达到预期效果。此外，由于应试教育观念的深刻影响，大多数学生倾向于被动接受教师的指导，缺乏亲身实践的机会。这些因素导致了许多大学生对劳动概念缺乏正确的认识，进而无法有效参与到社会生产活动中来。由于缺乏充分的思想认知，当前大多数高校的劳动教育都未能发挥其应有的作用，而仅仅通过劳动来引导学生进行更新只是一种虚妄的幻觉。

（二）课程体系不完善

劳动是一个人成长过程的一部分，它既包括个人对自然与社会的改造，又包含着个体对自身能力和价值的追求。因此，将劳动教育视为一门特定的课程是不恰当的，因为它是一种教育理念。目前，大多数高等教育机构在将劳动教育融入校园文化建设方面存在着易陷入误区的问题。由于劳动课程本身缺乏系统性和整体性，导致劳动课程无法真正发挥对大学生进行全面育人作用。除此之外，其他授课教师常常在理论上存在形而上学的概念混淆，他们错误地认为学生的劳动教育应该由专业教师负责，而忽视了劳动教育与其他课程之间的相互渗透和融合。由于课程体系的缺陷，学生难以树立正确的劳动观，从而无法将其价值认同转化为具体的实践行动，这是一个难以解决的问题。

（三）内容形式不丰满

教师将教育理念传递给学生的主要媒介是课堂内容和形式。目前，高

等教育中的劳动教育在内容和形式方面仍处于相对陈旧和僵化的状态。一方面，近年来，高校教育中涌现出了劳动教育这一新兴内容，但教师们在教学经验方面稍显不足，大多只是单方面地宣讲思想理论，难以激发学生的学习热情；另一方面，由于授课时和学生的人身安全等方面的各种限制，实践活动更倾向于进行简单的体力劳动，如卫生打扫等，这导致学生难以锻炼手脑并用的能力，劳动知识和技能的收获相对较少，同时也很少涉及劳动品质和精神的培养。

（四）内外支持不给力

在国家政策层面上，近年来越来越重视对学生进行职业生涯规划指导和创业能力培养，并出台了一系列相关文件来加强大学生就业工作中的劳动教育力度。教育部发布的《关于全面深化课程改革落实立德树人根本任务的意见》指出，要将学校作为劳动教育的主阵地，发挥领导作用，促使家长积极配合学校教育，通过家庭良好氛围巩固学校教育成果，展现家校共育、共同育人的强大力量。除此之外，社会应该提供全方位的支持，以形成一个整体化的劳动教育模式。然而，实际情况表明，高等教育机构与家庭、社会之间的认知存在差异，缺乏有效的沟通和联动机制，从而无法实现劳动教育显性和隐性的复合效应。由于高校内部缺乏齐抓共管的劳动教育积极态势，因此高校在文化建设中融入劳动教育还需要进行不断地优化、改进。

二、新时代劳动教育融入高校文化建设的路径

（一）将劳动教育列为必修课程

将劳动教育纳入学校教育的必修课程，不仅是贯彻国家方针政策的具体体现，更是培养学生良好劳动习惯和意识，促进与他人紧密协作的重要举措。

对于教师而言，只有深刻理解劳动教育的核心方向，明确其所蕴含的意义和价值，方能形成对劳动教育的全面认知，也只有在教师充分认识到

以上内容时，劳动教育才有可能真正成为高校必修课程之一。学生参与劳动教育的积极性，取决于他们对劳动教育的根本理解和客观态度，这是一个至关重要的因素。因此，将劳动教育纳入必修课程，不仅能够培养学生的劳动意识，更能够让他们深刻领悟到劳动教育的目标和意义，从而对劳动教育有更为深刻的认识。

为此，高校教师应当以学生对劳动教育的根本理解为出发点，从具体的课程内容入手，为学生提供更深入、更全面的教育服务。学生通过参加劳动教育的理论课程，可以深入了解劳动教育中的基本理论。在劳动教育的学习过程中，学生需要明确这些基本理论的内涵，以及劳动基本理论的适用范围，这样才能将个人的见解有机地融入劳动教育的理解之中，从而更好地适应自身的生活实际。此外，在实践劳动教育的过程中，教师鼓励学生积极参与其中，这不仅为他们提供了更多锻炼自我的机会，同时也让他们更深入地了解高校文化建设等方面内容。这些都是新时代劳动教育融入高校文化建设路径中的重要措施。为了更好地理解劳动教育的基本概念，学生需要在学习理论课程的过程中，通过具有代表性的案例来加深对劳动教育等理论知识的认识和理解，从而提高对劳动教育的整体认识。在掌握劳动教育基本理论的基础上，学生可以将所学的知识点举一反三、融会贯通，从而显著提升对劳动教育基本理论和课程实践的应用能力。

（二）丰富劳动教育课程的内容

第一，为了满足学生的学习需求，教师需要提供大量与劳动教育等课程相关的资料，这些资料对于学生的学习具有至关重要的意义。在学习基本知识的过程中，学生可以运用具体案例进行深入分析，以探究理论知识的内涵和外延。第二，应将社会主义和谐劳动关系作为重要内容，确保劳动教育课程的主题、格调与社会主义核心价值观相契合，对社会上的丑恶现象进行谴责，向学生传递主流价值观念，帮助他们树立正确的审美取向。第三，在当前我国的劳动政策和相关法律法规的基础上，高校教师需要引导学生深刻认识到作为一名劳动者所应享有的权利和应承担的义务，从而激发他们自我管理、自我教育和自我服务的积极性。第四，为了促进学生个体的健康成长，高校教师需要在教育过程中注重劳动安全健康、劳动心理和劳动伦理等方面内容的补充，并通过因势利导的方式施加影响，使劳动价值观内化为学生个人的道德品质和情感。随着信息技术的广泛应用，碎片化阅读逐渐兴起，学生们得以在短暂而不连续的时间内获取各类平台中大量的片段式信息，从而提高了阅读的效率和质量。

因此，在推进劳动教育融入校园文化建设的过程中，高校应当采用更加符合现代年轻人口味的教学内容形式。一方面，与相关领域的权威专家建立联系，将生动有趣的图片插入官方微信公众号的相关推送内容中，以更加通俗易懂、简单明了的方式解释抽象概念和揭示原理，从而帮助学生理解劳动教育的意义，使其成为具备理想、道德、文化和纪律的"四有"青年。从另一个角度来看，碎片化阅读为学生提供了一个有益的学习机会，可以促进他们进行劳动学习。在这个背景之下，教师也应该积极引导学生利用碎片化阅读这一形式来了解和掌握劳动教育的内涵。此外，在学习的过程中，教师可以引导学生使用最新的移动应用程序，进行相应的信息搜索和获取，从而为学生提供了一个更加便捷的移动课堂平台。使用此客户端，学生在本门课程中的学习成果得以呈现，同时学生在学习过程中也能够获得实质性的收获。

在教学过程中，教师有权对学生的学习内容进行归纳总结，而学生则可以在学习过程中按照教师总结的基本框架，明确劳动教育的重点。在我国传统文化当中，有很多优秀的精神理念和价值追求，其中劳动教育就是一种非常重要的思想方式，对于促进学生形成良好的品格也有着十分积极的作用，如中国的传统节日——端午节，高校教师可以通过开展劳动教育的方式来加深人们对劳动的认识和理解。在本节课的授课过程中，教师得以遵循一系列有序的步骤进行授课：在课堂上，教师可以引导学生参与制作粽子的游戏，为他们准备粽子所需的材料，从而提高他们的包粽子技能。在实践活动中，学生可以借助已有的材料，通过详细阐述包粽子的基本步骤，从而更好地掌握这一技艺。为了让学生更积极地参与到包粽子的过程中，教师可以将班级中的学生按照小组进行划分，并利用多媒体等的课件播放赛龙舟的视频，以便让学生了解这一传统文化节日，并根据自己对其的认识与理解，从而在学习劳动教育的基本知识的同时，实现与其他学生的完美配合，加深学生对中华民族传统节日的认识。此外，还需要通过实践活动的方式来增强学生参与其中的兴趣以及积极性，进而使得学生在动手操作的时候也能感受到自身的力量，并以此作为动力去努力完成相关任务。这是劳动教育课程内容的丰富体现，同时也能显著提高劳动教育的质量和层次。

（三）融合创新劳动教育教学形式

在当今新时代的背景下，随着网络信息技术的飞速发展，传统的劳动教育教学形式已经无法满足大多数学生对于知识的渴求，僵化的课堂模式使得学生们在参与劳动时缺乏热情，更难以在实践中深刻领悟劳动的意义和价值。为了提升劳动教育的教学质量，教师应当深入了解大学生的心理特点和接受能力，并在此基础上构建一种全新的课堂模式，该模式以教师为主导、学生为主体，巧妙地运用多种教学手段，将教学内容生动地呈现在学生面前，积极鼓励学生参与课外实践，从而最大限度地激发学生的主动性和积极性。

对于教师而言，应当善于利用线上教学的优势，并时刻关注学生的想法，以实现线上与线下教育的"双线"融合，从而创新劳动教育的教学形式。在进行网络自主学习方面，教师应当充分发挥自身的引导性作用，通过对各年级、各专业、各班级学生的认知水平和学习情况进行分层，并利用中国大学 MOOC、知网研学、科普类微博微信公众号等网络自主学习平台，在课程教学工作开始之前，引导学生对劳动教育的软件以及 APP 等客户端进行认识，让学生在了解平台的基础上实现与学生之间的沟通，从而使班级中的学生完全融入课程互动交流中。教师也能够利用劳动教育的 APP 及时掌握并了解学生在课程学习中的实际情况，假设学生在学习的过程中遇到了现实性的问题，教师可以利用劳动教育平台对学生的学习情况进行辅导，这样就可以让学生加深对劳动理论等方面的认识，积极参加相关实践活动，提高学生的劳动教育的积极性，从而更好地适应社会。

（四）加强劳动教育教师队伍建设

作为人类心灵的建筑师和文明的传承者，教师肩负着承载时代、历史和社会等重任的使命。因此，在推进劳动教育的过程中，教师队伍的建设显得尤为重要。教师应当不断提升自身的授课技能，同时加强对劳动教育等领域理论知识的理解和认知，以此提升自身的教学水平，并积极参与劳动教育教师队伍的建设。

当然，为了提高劳动教育教师队伍的综合素质，学校需要开展一系列职业技能等方面的培训工作，以加强教师队伍的专业能力和素质。高校应该注重提升教师的职业技能和素养，因为学生的教育和培养需要长期而持续的努力，不可能一蹴而就。高等教育机构可以为其教师提供有针对性的课程，旨在提高他们对劳动教育理论和实践工作的基本认识，并为他们提供一个良好的平台，使他们能够积极与其他高校的教师进行沟通和交流，从而显著提高他们的职业技能和素养。此外，高校教师可以与学生家长建立紧密的沟通渠道，以明确学生在日常生活中所面临的实际问题，并对问题产生的原因进行深入分析。因此，教师职业技能素养的提升对于提高劳动教育的质量和层次具有至关重要的意义，这一点显而易见。

高等学府的教师非常注重学生心理成长的程度，同时也十分关注学生的家庭背景、生存环境、衣食住行等方面，这些都是学生生活中的核心问题，只有对这些方面有一定的认知和理解，才能结合学生的心理特征，提高劳动教育的质量和水平。教师可根据学生的心理特征，精心设计劳动教育教学等方案，以达到更好的教学效果。当学生遇到心理问题时，高校教师可以站在学生的角度，将学生视为劳动教育的主体，并制定出未来一定阶段提升劳动教育质量的策略和方法。从这个角度来看，注重学生心理特征的发展，促进教师与学生之间的相互了解和认知，学生能够积极参与到劳动教育的各个环节中。当他们遇到无法解决的问题时，他们还可以向身边的朋友和同学寻求帮助，这将显著提高他们的心理素质，并在未来的劳动教育中表现得更加出色。

三、新时代高校劳动文化教育创新

（一）要素和内涵的创新

在对劳动文化的构成要求和内涵的认识上，要与时俱进，保持内涵的鲜活性和生动性。尤其是要紧跟现代科技的发展，将现代科技发展成果及时融合于劳动文化教育之中。例如，在农业高校的劳动文化建设中，要及时将农业科技成果融入创新科技创意农业教育，将培育农业科技新品种、太空技术在农业育种上的应用、时尚农业创意等融入劳动教育和校园劳动文化建设，如北京农业职业学院通过将北京延庆的流苏树改良为流苏茶，顺应了当地百姓饮用流苏树叶水的传统，为当地农民增收的同时，打造了流苏茶文化。作为劳动文化教育的一个板块，对于开阔学生视野，启迪学生科技创新素质发挥了不可替代的作用。

（二）课程体系的创新

高校的办学定位和人才培养模式日渐清晰且日益完善，但是劳动教育特别是劳动教学课程体系建设和劳动教学的体系化依然是高校人才培养中的薄弱环节，与培养具有创新精神、实践能力和社会责任感的实践型应用人才的要求还有差距，尤其是在建立适用于不同教育对象的劳动教育课程体系和劳动教学体系化方面，仍需加强。学校开设劳动教育课程在东西方都有其深厚的理论渊源和历史传统。比如，20 世纪初期德国教育家凯兴斯泰纳就主张开设手工劳作课程，认为学生可以在车间、学校食堂、校园、实验室等地进行手工操作。他认为，学校的中心任务是引导学生自己动手，让学生自己经历、思考并得出正确的概念和认识①。

我国的一些高校在劳动教育过程中，已在课程体系建设方面取得了一定的进展，积累了初步的经验，如北京农业职业学院在开展北京市中学生学农教育活动中，通过将"学农劳动教育"和"职业教学特色"整体优化，摸索构建了具有鲜明都市农业特色的"学农教育"课程体系。在课程设置上，一是以培养学生吃苦耐劳的优良品质为重点，突出了集农事教育和农事劳动于一体的田间除草、施肥、果树种植管理、畜舍清扫等劳动类体验课程；二是以培养学生对劳动的热爱为目的，突出了插花、压花设计制作，昆虫标本制作，西式糕点、酸奶制作、营养配餐，矮马、宠物犬训导等兴趣类体验课程。可以说，这些做法取得了较好的教育教学效果，值得借鉴。下一步应进一步发挥职业院校专业建设优势，围绕劳动文化建设，加强专业课程体系建设和劳动教育课程体系创新，在劳动教育课程体系建设上，根据不同年龄学生的生理特征、知识结构和兴趣特点，构建一套具有针对性和可操作性的独特课程体系。

（三）考核评价体系的创新

制定一种劳动教育成效考核评价办法，规定在学生学业考试中必须考察劳动文化教育，同时设定劳动知识、劳动技能和劳动态度为必考内容，并明确其在学分分配中的比例。

高院校肩负着培养高素质技术技能人才的神圣职责，同时也肩负着营造传播和践行劳动光荣、技能宝贵、创造伟大的社会理念的社会责任，如何落实好培养爱劳动、会劳动、留得住、干得好的新一代劳动者，为转变我国经济发展方式、建设创新型国家和人力资源强国服务，从社会深层次改变重理论轻实践、重知识传授轻能力培养的传统观念，需要进一步强化劳动教育的评价体系，通过评价体系的建设和宣传不断推进高校的教学实践，推动劳动教育教学的方式方法和途径的创新。

---

① 北京师联教育科学研究所. 职业教育思想与《劳作学校要义》选读 [M]. 北京：中国环境科学出版社，2006.

（四）实践教学基地的创新

实践教学基地是培养学生实践能力的重要场所，加强劳动文化建设，实践教学基地是不可或缺的。高校教师需要以劳动文化培养为出发点，致力于创建具有特色的实践基地，以支撑劳动文化教育教学工作的有效开展。高校应立足高素质技术技能型人才培养，努力打造特色劳动教育教学平台，有力支撑劳动育人工作开展，强化高等职业教育办学特色，提升高职大学生的就业竞争力。

1. 加强校外实践教学基地建设

可依托高新技术产业开发区、大学科技园区等建设大学生科技创业实习基地。充分发挥和利用爱国主义教育基地和国防教育基地的优势，与社区、乡镇、企业、部队等，建立多种形式的社会实践教育基地。

2. 建设校企合作式劳动教育教学基地

应紧密结合行业发展和人才需要，采取校所合作、校企联合、学校引进等方式开展劳动教育教学基地建设，尤其是发挥高等职业教育校企合作优势进行建设，让学生在校企共建的劳动实践基地中感受真实的劳动环境和劳动场景，参与真实的劳动任务，体验真实的劳动创造，结识真正的劳动同志，养成真实的劳动情感。

3. 建设校内劳动教育教学特色基地

发挥高校办学资源优势，按照真实、生产、仿真的特色需要，紧贴行业人才培养需要，建设系列专业特色鲜明的劳动教育教学基地，使之成为劳动育人的有效载体，实现劳动育人与专业教育的深度融合。

4. 建设"双创"型劳动教育教学基地

劳动教育教学基地应当与创新创业教育相融合，紧密关注行业科技的最新进展和企业新产品的研发趋势，体现科技的前沿性、技术的实用性和先进性，以便学生在实践劳动中不断提升对科技的兴趣和能力。

5. 建设文化传承型劳动教育教学基地

高校劳动教育教学基地的建设应体现劳动文化这个核心，建设劳动文化传承型教育基地。

一是实体文化传承教育基地。发挥农业文化载体的劳动文化传承作用，建设农业文化载体观赏和体验基地。农业文化载体十分丰富，包括农作物品种、农业生产工具、农业文学艺术作品、农业自然生态景观等。例如，农具包括原始时代的石斧、锄、石磨盘和石磨棒等，春秋时期的铲、犁和镰等，战国时期的铁犁，秦汉时期的楼，魏晋时期的耙以及近代以来的风车、水车等，特别是现代农业的抽水机、收割机、打谷机等。通过组织学生观赏和操作体验，培养学生的劳动情感。

二是非实体文化。非实体文化外延较为广泛，包括哲学、思想传统、知识和技术体系等。自古以来，我国就发明了许多领先世界的农业技术，应通过展示和体验这些农业技术，培养学生的自豪感和自信心，发挥非实体文化的传承和教育作用，建设农业非实体文化教育基地；发挥农业技术的劳动文化传承作用，建设农业技术观赏和体验基地。通过非实体传承教育基地建设，使之成为劳动文化传播的有效载体。

（五）教学管理平台的创新

发挥"互联网＋"的优势，开发建设好网上教育教学管理平台，一些省市已经在这方面取得了显著进展，如北京市教委为了切实保障北京市学农教育的教学质量，在互联网"综合社会实践活动"和"开放科学实践活动"平台基础上，开发建设了"学农教育"板块并于2016年3月正式开通。学生可以利用该平台自主选课，从而满足了学生的个性化需求。下一步应结合高职院校专业建设，围绕教育现代化，创新理念，建设理念更加先进、体系更加完备、设施更加现代化的劳动教育基地。同时，进一步推进网上教育教学和管理平台的创新，进而推动劳动文化教育教学和管理模式的改革与创新。

（六）加强劳动教育教学管理

重视现场劳动教育教学环节的管理工作，应该做好以下几个方面的工作。

一是要明确每次课程的教学目标。通过每一次课程的学习、训练或体验，使学生在不同角度和环节熟悉劳动场景，强化劳动技能，树立劳动光荣的观念。

二是认真制定和落实教学计划，将劳动任务细分到具体辅导老师及具体班级。

三是制定好辅导老师的考核办法。劳动教育是辅导老师的工作内容之一，要纳入辅导老师的绩效考核及评优评先指标体系，并与辅导老师的评优评先和绩效工资挂钩。

四是做好劳动组织工作。各教学单位要根据劳动课程安排，组织好劳动教学。

五是做好检查评比。各教学单位要组织好学生进行劳动成果综合检查评比，查找问题并落实整改。

六是做好表彰奖励。通过评比评出先进班级，对劳动教育中成绩突出的集体和个人，采取颁发流动红旗、通报表彰和物质奖励的办法进行激励，并与学生个人评优评先相结合。

七是做好学生劳动成绩考核，将考核成绩纳入学生学籍管理系统。

八是做好安全预案。加强学生的安全教育和教学现场的安全管理，确保劳动教育教学工作安全有序开展。

参考文献

[1] 汪永智，郭宏才，荣爱珍. 劳动教育 [M]. 北京：北京理工大学出版社，2021.

[2] 陈森，赵万江，唐杰，等. 劳动教育 [M]. 成都：电子科技大学出版社，2020.

[3] 方小铁. 大学生劳动教育 [M]. 北京：北京理工大学出版社，2022.

[4] 李志峰. 大学生劳动教育概论 [M]. 武汉：武汉大学出版社，2021.

[5] 姜正国. 劳动教育与工匠精神教程 [M]. 北京：北京理工大学出版社，2021.

[6] 余金保. 新时代大学生劳动教育教程 [M]. 北京：北京理工大学出版社，2022.

[7] 严怡，石定芳. 新时代高校劳动教育指导 [M]. 重庆：西南师范大学出版社，2022.

[8] 梁焕英. 新时代劳动教育多样态 [M]. 沈阳：辽宁大学出版社，2021.

[9] 李臣之，黄春青. 新时代劳动教育课程设计与实施 [M]. 广州：广东教育出版社，2022.

[10] 张子睿，郭传真. 劳动教育及其创新进路研究 [M]. 北京：中国书籍出版社，2021.

[11] 余江舟，王璇. 当代大学生劳动价值观培育机理与路径 [J]. 高校辅导员学刊，2023，15（1）：63-68＋99.

[12] 王红，刘营营. 新时代学校劳动文化建设：内涵、结构与路径 [J]. 中国教师，2022（10）：22-26.

［13］曹刚，叶世杰，邓红彬. 基于劳动精神的高职校园文化建设研究
　　　［J］. 机械职业教育，2022（10）：40-43.

［14］杨丽翠. 文化共生视域下乡村学校劳动课程资源的开发［J］. 教学与
　　　管理，2023（12）：83-86.

［15］林姣姣. 新时代劳动文化融入高校劳动教育的价值和实现路径
　　　［J］. 济南职业学院学报，2022（4）：99-102.

［16］刘媛媛. 地域文化与高校劳动教育的价值契合与实践路径［J］. 中国
　　　高等教育，2022（10）：53-55.

［17］杨玲. 高职大学生劳动教育课程体系构架［J］. 湖北开放职业学院学
　　　报，2022，35（8）：51-52.

［18］肖绍明. 劳动教育的文化研究［J］. 华东师范大学学报（教育科学版），
　　　2022，40（2）：17-28.

［19］徐雪平. 学校劳动文化培育的价值与策略［J］. 教学与管理，2021
　　　（14）：18-20.

［20］帅宁华. 劳动文化回归视域下的学校劳动课程建设［J］. 江苏教育研
　　　究，2021（16）：9-13.

［21］彭敏. 高校劳动教育文化建设研究［D］. 上海：上海财经大学，2021.

［22］王文. 习近平关于劳动教育重要论述研究［D］. 桂林：桂林理工大学，
　　　2022.

［23］杨欣悦. 网络文化影响下大学生的劳动观及其引导策略研究［D］. 大
　　　连：辽宁师范大学，2022.

［24］杨婷婷. 新时代大学生劳动价值观教育研究［D］. 长春：吉林农业大
　　　学，2022.

［25］宋倩文. 习近平劳动观及其时代价值研究［D］. 南昌：华东交通大学，
　　　2022.

［26］高天子. 新时代大学生劳动教育中存在的问题及解决路径［D］. 太
　　　原：山西师范大学，2022.

［27］彭敏. 高校劳动教育文化建设研究［D］. 上海：上海财经大学，2021.

［28］梁启玲. 高校劳动教育研究［D］. 成都：西南财经大学，2021.

［29］郭梅英. 大学生劳动教育现状及对策研究［D］. 呼和浩特：内蒙古师范大学，2021.

［30］周维浩. 新时代中国特色社会主义劳动法治文化建设研究［D］. 武汉：华中师范大学，2021.

项目课题：国家社科基金青年项目（批准号：18CZX065）